Physical Distribution & Logistics

図解でわかる

物流とロジスティクス いちばん最初に読む本

湯浅和夫・内田明美子・芝田稔子 著

アニモ出版

はじめに

いま、物流の世界では大変興味深いことが起こっています。長い物流の歴史のなかで初めての事態です。それは、ドライバー不足により「運べない危機」が到来したことです。

もちろん、ドライバー不足は、これまでも何度か起こっています。ただ、それらは、急激な輸送需要の増加にドライバーの充足が追いつかない結果として発生したものです。それゆえ、経済成長の減退とともにドライバー不足は解消してしまいました。

ところが、いま起こっているドライバー不足は、過去のものとはまったく違った要因によるものです。現に、輸送需要は年々減少しています。決して増えてはいません。それでも、ドライバー不足が叫ばれるのは、ドライバーの数が減少しているからです。今後とも増加の見込みはないといって過言ではありません。

つまり、ドライバー不足は、輸送需要増などに起因する一過性のものではなく、将来とも続く構造的な問題なのです。そうなると、明らかに物流は大きな変革を迫られます。

これまでの日本の物流は、「トラックは潤沢に存在し、トラック運賃など安いものだ」という前提で構築されていました。そのため、短納期、多頻度納品など過剰ともいえるサービスが当たり前となり、さらにはドライバーに作業を強いたり、平気で長時間待機をさせるなど理不尽な事態がまかりとおっていました。

しかし、もはや、このような物流は否定されつつあります。トラックを有効に活用しなければ、運べなくなるからです。そこで、物流サービスの見直しが始まっていて、ドライバーの作業回避のためパレット化が進んでおり、さらには積み降ろしの待機を解消するために予約システムなどが導入され始めています。

このように、いま物流は大きな転換点にあります。本書は、このような時期に合わせて出版いたしました。物流を再構築するにあたって最低限知っておいてほしい知識を網羅しました。また、新たに物流を勉強したいという方のために、必要な知識をやさしく解説しています。

物流を再構築したり、新たに物流を学ぶにあたっては、本来あるべき物流の姿を知っておく必要があります。めざすべき物流の姿を知らなければ、再構築の道筋は描けません。このあるべき姿については、本書の１章から３章にかけて、物流の最新動向からロジスティクスへの展開をテーマに詳しく解説しています。

物流管理は、物流コストの削減を大きな役割としていますので、物流コストをどうつかみ、管理するかが重要な意味を持ちます。これについては４章で取り上げています。

５章では、ドライバー不足を契機に、そのあり方が大きく変わりつつある物流業界の動向を行政の動きを交えて解説しています。

物流業界における人手不足は、ドライバーだけではありません。倉庫内における作業者も明らかに不足しています。そこで、脚光を浴びているのが作業の自動化、省人化です。これらの最新動向について６章で詳しく紹介します。

昨今の自然災害の多発は、改めて、物流におけるＢＣＰ（事業継続計画）の重要性を提起しています。７章では、これについて事例を交えながら解説しています。また、８章で取り上げている物流における環境対策は、物流担当者にとって永遠の課題です。環境対策は、結果として物流の効率化につながります。環境対策という視点からの物流への取組みは、望ましい物流のしくみの構築に有効に働きますので、ぜひ参考にしてください。

本書が、新しい物流のしくみづくりに、少しでもお役に立てれば、著者としてこれ以上の喜びはありません。

2019年12月　　　　著者を代表して　湯浅和夫

図解でわかる物流とロジスティクス いちばん最初に読む本

もくじ

2章 そもそも物流管理とは何をすることか

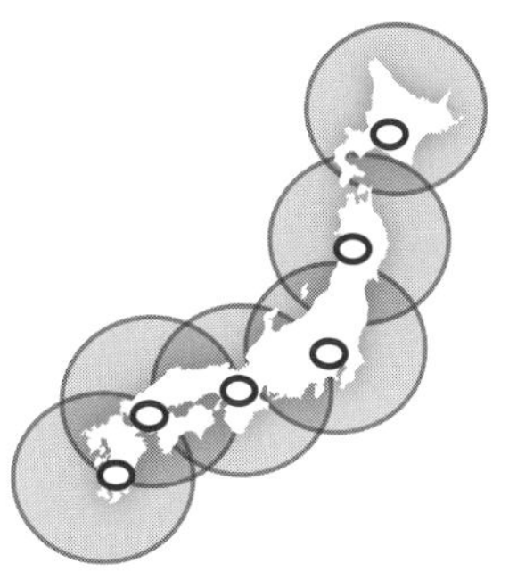

3章

物流からロジスティクスへの展開

4章 管理に使える物流コストのつかみ方と改善方法

5章 物流業界の基礎知識と業界動向

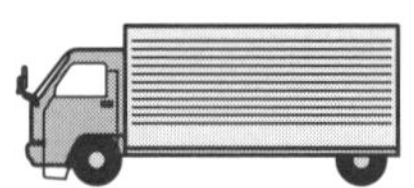

6章 物流センターにおける自動化と ＡＩ、ＩｏＴ、ロボット活用の動向

7章 物流におけるＢＣＰとは

8章

環境問題と物流における対応

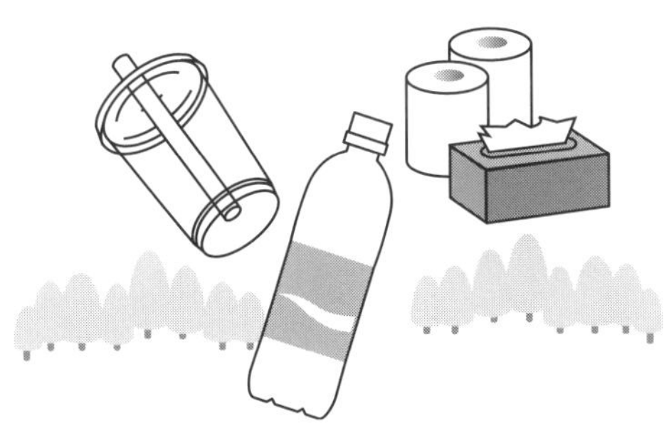

Coffee Break

カバーデザイン◎水野敬一

本文ＤＴＰ＆図版＆イラスト◎伊藤加寿美（一企画）

1 章

物流新時代の到来！

Physical Distribution
&
Logistics

執筆◎湯浅 和夫

1-1 そもそも物流とは何か

 顧客納品が本来業務

最初に、「物流とはそもそも何か」という話から入ります。基礎的な話になりますが、物流を実務的に理解するにあたってぜひ押さえておきたいポイントに絞ってお話ししたいと思います。

さて、「**物流**」という活動は、ものを生産あるいは仕入れて、販売している会社には必ず存在します。**つくったもの、仕入れたものを顧客まで届けるための移動や保管、作業にかかわるすべての活動**を総称した用語が「物流」です。

メーカーなら、生産ラインを出たところから顧客やユーザーに納品するところまでが物流の範囲になります。問屋なら、仕入れた商品が入荷したところから顧客へ納品するまでとなります。

以上の説明からおわかりのように、物流は、注文された商品を顧客に届ける、つまり**「顧客納品」を主たる目的とした活動**ということになります。

 物流は２つの領域に区分される

ところで、一言で物流といっても、とくにメーカーの場合、それは、性格の異なる２つの領域に大別することができます。

１つは、顧客配送用の拠点における出荷から顧客までの納品活動です。ちなみに、顧客配送用の拠点は、企業によって、「物流センター」「配送センター」「デポ」などいろいろな名称で呼ばれています。ここでは、「**配送拠点**」と呼びます。

もう１つの領域は、工場倉庫から配送拠点までの在庫の補充活動です。顧客への納品のための在庫を工場から補充するための活動で、顧客納品のための準備活動と位置づけられます。

◎物流とはどういうことか？◎

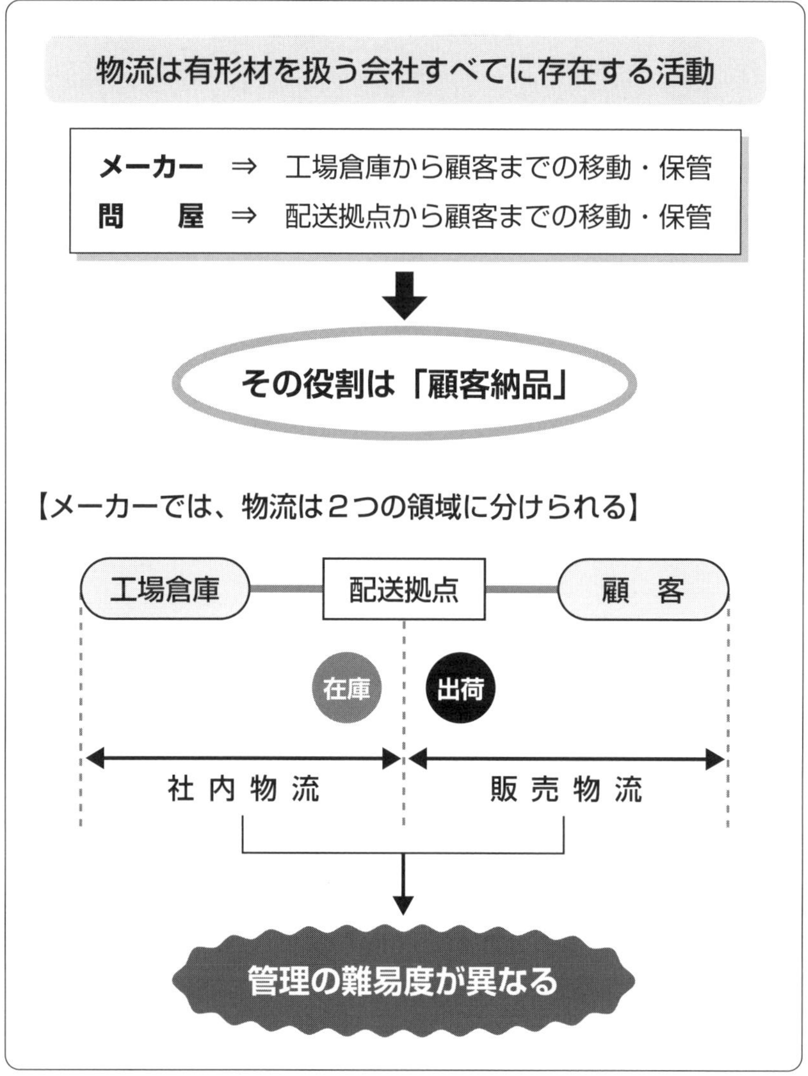

物流は有形材を扱う会社すべてに存在する活動
メーカー ⇒ 工場倉庫から顧客までの移動・保管
問 屋 ⇒ 配送拠点から顧客までの移動・保管
その役割は「顧客納品」
【メーカーでは、物流は２つの領域に分けられる】
工場倉庫
配送拠点
顧 客
在庫
出荷
社 内 物 流
販 売 物 流
管理の難易度が異なる

いまではあまり使われませんが、かつては、前者を「販売物流」、後者を「社内物流」と呼んでいました。

このように、物流を２つに分けるには、当然、理由があります。それは、簡単にいうと、**管理における難易度が異なる**からです。

1-2 顧客納品はほとんど管理不能の世界

顧客の要望が色濃く反映される

販売物流と社内物流とでは、管理の難易度が異なるといいましたが、これについては容易に想像がつくと思います。難易度という点では、明らかに**販売物流のほうが高く**なります。

販売物流は、顧客へ納品する物流ですから、当然、顧客の意向が強く反映されます。また、販売する側の営業としても、顧客の要望は最大限受け入れようとしますから、顧客の物流への要望もエスカレートします。

顧客の物流への要望といいましたが、これは「**物流サービス**」と呼ばれます。具体的には、顧客からの発注内容に反映されます。発注が毎日行なわれれば「多頻度納品」になります。注文の単位が小さければ「小口注文」になります。注文したものをできるだけ早く持ってきてほしいとなれば「短納期」になります。

また、注文した商品に値札を貼ってくれとか、指定した伝票を入れてくれという要望が出れば、「**流通加工**」が発生します。商品が売り切れてしまったので、すぐに持ってきてくれとなれば、「**緊急出荷**」が発生します。

このように、顧客の要望が強く反映する領域が、顧客納品の世界なのです。

顧客の要望に応えるのが精一杯

物流の役割は顧客納品にある、といいましたが、それでは、その物流を管理する目的は何でしょうか。目的は２つあります。

１つは、要求されている**物流サービスを維持する**ことです。もう１つは、物流活動を可能な限り**ローコストで運営する**ことです。

◎顧客納品が管理不能であるワケ◎

販売物流　＝　顧客納品

顧客の意向が強く反映される

＝

エスカレートする物流サービスの要求

- 短納期化
- 多頻度小口化
- 流通加工要求の増加

物流コストの上昇が不可避

- 物流サービスの提供に追われる
- 物流コスト抑制の余地はない

企業が管理を行なうのは、物流に限らず、すべてコスト削減のためです。要求されているアウトプットを最小限のインプットで実現するために管理が行なわれることは説明の必要はないと思います。

このような視点から、顧客納品という領域を見ると、ほとんど管理不能の世界であることは明らかです。

1-3 顧客納品のローコスト化は二の次

出荷に追われてコスト管理は後回し

顧客納品活動は管理不能の領域だといいましたが、正確にいうと、物流サービスの維持に精一杯で、ローコスト運営にまで手が回らないということです。せいぜいできるのは、いまそこで行なわれている出荷や配送という活動からムダを省くという程度ですが、出荷に追われている状態では大きな効果は期待できません。

おそらく、管理者とすれば、とにかくミスなく顧客の要望に応えることを最優先せざるを得ないはずです。

ローコストでやるということになれば、本来的には、物流サービスの是正が必要になります。たとえば、翌日納品を翌々日納品に変更するとか、毎日注文を週３回注文に、あるいはバラ注文をケース単位にするとかすれば、ローコスト運営は可能になりますが、これらは、すべて**顧客との交渉が必要**になります。

その交渉は、営業担当が行なうことになるので、まず実現は困難でした。そのため、物流担当にとっては、顧客納品の世界は、管理不能の領域といわれてきたわけです。

顧客納品が変わってきた

上の文章の最後の表現が過去形になっているのにお気づきになったでしょうか。実は、これまで管理不能だった顧客納品の領域に、いま是正のメスが入りつつあるのです。まだ、一部の先進的な取り組みですが、おそらく、今後、大きく広がっていくと思います。

なぜ、そのようなことが起こっているかというと、いま物流の世界で話題になっている**「ドライバー不足」が引き金**になっているのです。ドライバー不足がトラック輸送の供給力を低下させたため、

◎物流サービスに対する取り組みが変わってきた◎

物流サービス是正が本来的な取り組み

●納期 ➡ できるだけ長くする
半日・翌日納品 ➡ 翌々日納品

●納品頻度 ➡ できるだけ低頻度にする
毎日納品 ➡ 週３回納品・定曜日納品
⇓
必然的に納品量も大口化される

●流通加工 ➡ すべて有償化する

これまでは不可能な取り組みだった

ドライバー不足により
物流サービスに是正のメスが入り始めた

トラックの有効活用が最優先の課題になっています。そこで、トラックを無駄使いさせているような商慣行にメスが入り始めているのです。

この最近の動向については、章を改めて詳しく説明します。ここでは、顧客納品の領域は顧客の要望に支配されていて、納品する側には主導権はほとんどなかったという実態を理解してください。

1-4 在庫補充の領域は管理可能のはず

 本来は単純な物流の世界

工場から配送センターへの在庫補充の領域は、社内で行なわれる物流です。顧客とは無縁の領域なので、本来、物流部門が管理可能なはずです。

配送拠点から顧客に出荷されることで減った在庫を補充すればいいだけです。ここは、もちろん大量ロット輸送が可能です。トラックだけでなく、鉄道や船の利用も可能です。

つまり、この**社内物流**と呼ばれる領域は、徹底的なローコスト運営が求められるのです。また、それが可能な世界なのです。

 物流部門が入り込む余地はない

ところが、現実は違います。生産や仕入、営業という社内各部門の壁が立ちはだかっているのです。本来、在庫補充の物流は論理的に運営できます。その出発点は、配送拠点には各アイテムの在庫を一定期間分、たとえば1週間分を持つというように決めることです。

そして、顧客への日々の出荷情報をベースに動かせばいいのです。在庫アイテム別に日々の出荷状況を把握して、一定の基準で1週間分の在庫を維持するように補充をすればいいのです。これだけです。この補充システムについては2章で説明します。

この単純なしくみが動かない要因は、**在庫の持ち方**にあります。たとえば、在庫の手配を営業部門がすると、欠品を恐れて、常に多めの手配をします。それも、出荷動向といった数字がないまま行なうため、その手配は恣意的になります。つまり、欠品を出さないよう多めに持つという手配になります。

また、工場倉庫で在庫が溢れれば、配送センターに送り込まれて

◎社内物流は管理不能となっている◎

社内物流 ＝ 工場倉庫から配送拠点への在庫補充活動

社内の物流なので徹底したローコスト化が求められる

徹底したローコスト化とは、
「必要最小限の在庫しか動かさない」こと

市場が必要としている在庫
＝
市場動向に同期化させた物流

ところが、現実は、
- 営業が在庫をたくさん持ちたがる
- 工場倉庫から配送拠点に在庫が押し込まれる

結局、社内物流も「管理不能」となっている

きたりもします。

在庫に責任を負う人がいない会社では、このように、在庫は、各部門の都合や思惑によって扱われます。物流部門が入り込む余地はないというのが実態です。

1-5 これまでの物流管理の実態は

制約だらけの物流管理

これまで見てきたように、これまでの**物流管理**は、顧客や社内他部門の制約のなかで行なわれてきたというのが実態です。顧客の要望という制約のなかで納品活動が行なわれ、在庫のコントロールができないというなかで補充活動が行なわれてきたのです。

かつて、物流は「**後処理型活動**」と呼ばれたことがあります。物流が社内他部門の活動の後処理として位置づけられたわけです。言葉の適否はともかく言い得て妙ではあります。

工場が、生産コストを下げるために単品を大量に生産すれば、大量の在庫が生まれます。この保管を担うのが物流部門です。保管コストは、物流コストを構成します。つまり、**つくり方次第で物流コストは変わってしまう**のです。

また、前述したように、営業部門が顧客の要求をすべて受け入れてしまえば、その要求どおりの物流をしなければなりません。ここでは、**作業コストや配送コストが発生**します。これも物流コストです。

このように、物流部門が管理すべきといわれている物流コストは、顧客や社内他部門の都合や思惑によって容易に変わってしまうのです。

これからが物流管理の本番

このような制約の多いなかでも、物流部門は、ローコスト物流をめざして、できる範囲ではありますが、さまざまな取り組みをしてきました。

しかし、それは場当たり的で、その場しのぎの対応であったこと

◎物流はどのように変わるのか◎

これまでの物流

顧客や社内他部門の制約のなかで行なわれてきた

物流部門による自主的な管理不在

＝

後処理型物流

これからの物流

ドライバー不足が状況を一変させた

トラックの無駄使いを強いる顧客や社内他部門の制約は排除の方向

＝

本来あるべき物流の実現

は否めません。物流部門の立場からすれば、そうせざるを得なかったというのが正直なところです。

ところが、いま状況は大きく変わってきました。前述したようにドライバー不足が起きたからです。巷では「物流危機」と呼ばれていますが、要は、トラック不足に起因する「**運べない危機**」です。

次項以降で詳しく説明しますが、一言でいえば、「これから物流管理の本番が始まる」ということです。これまで名ばかりだったロジスティクスも現実のものになるはずです。まさに「**物流新時代の到来**」です。

1-6 ドライバー不足が起こした「物流危機」

 物流危機は「運べない危機」

それでは、今日的な話に移りたいと思います。これまでの物流実態を頭において読んでください。

いま、物流の世界で「物流危機」が大きな話題になっています。どのような危機かというと、端的にいえば「**運べない危機**」です。

その発端は、ドライバー不足です。高齢化によりドライバーは年々減少しています。減少した分、若いドライバーが増えれば問題ないのですが、新規にドライバーになりたいという人はほとんどいないため、ドライバーの総数は年々減少の一途をたどっているというのが現実です。

ドライバーになりたいという人が少ない理由は明らかで、ドライバーの労働条件にあります。ドライバーの収入は全産業平均の２割少なく、働く時間は２割多いといわれますが、このような状況では、ドライバーに職業としての魅力を見出すことはできません。

 輸送需要の４分の１は運べなくなる

その結果、ドライバー不足が顕著に現われています。（公社）鉄道貨物協会が、2019年５月に発表した報告（トラックドライバー不足の中期的見通しと対応策の検討と提案）によれば、2028年度には、28万人のドライバーが不足するという予測を出しています。需要に対する不足率でみると24％になるということで、運んでもらいたいという輸送需要の４分の１は運べないことを意味します。

荷主企業にとって、運べなければ売上になりません。売上は、顧客に届けてはじめて実現するからです。運べない危機は放置できません。また、トラック運送業者にとっても、ドライバーを確保でき

◎物流事業におけるトラックドライバー年齢構成の変化◎

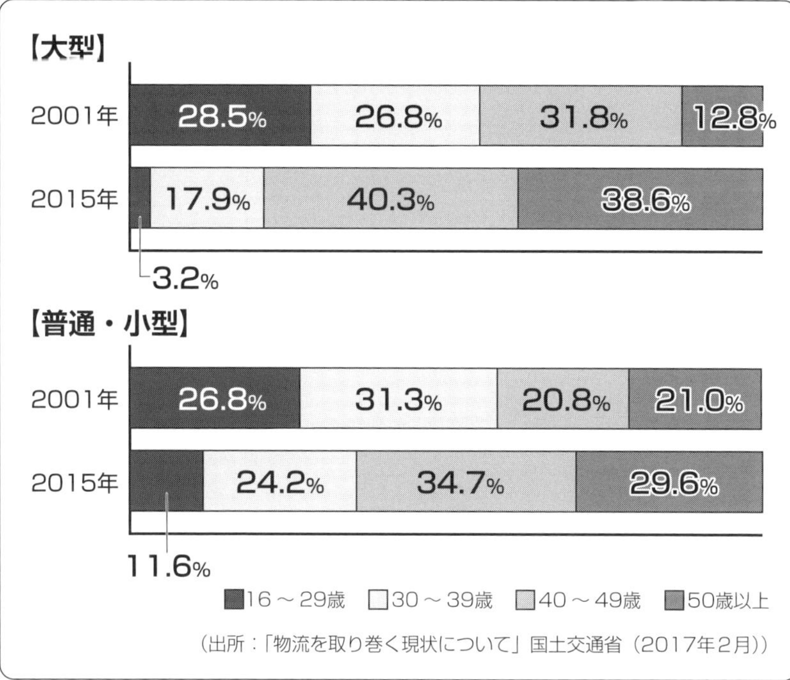

◎ドライバーの労働条件◎

	所得額	労働時間
全産業	480万円	2,124時間
道路貨物運送業（大型トラック）	422万円	2,592時間
道路貨物運送業（中小型トラック）	375万円	2,580時間

（出所：「物流を取り巻く現状について」国土交通省（2017年2月））

なければ、収入を得ることはできません。ドライバーが減れば、その分、収入減につながります。

荷主にとっても運送事業者にとっても、いままさに危機の只中にいるのです。

1-7 物流のこれまでの常識が否定される

 トラック運賃なんて安いもんだ

物流危機は、荷主にとっても、トラック運送業者にとっても放置できない問題です。そこで、当然、危機の回避に乗り出します。回避の方向性は明らかです。一言でいえば、**物流における過去の常識の否定**です。

それでは、物流における過去の常識とは何でしょうか。これまでの物流の実態を踏まえれば、すぐにわかると思います。これまでトラックを湯水の如く使ってきたというのが実態です。

つまり、「トラックはいつでも好きなだけ使える。トラック運賃なんて安いものだ」というのがこれまでの常識だったのです。

このような常識が結果として生み出したのが、すでに説明した短納期、多頻度小口という明らかに過剰な物流サービスです。トラックの無駄使いです。ただし、顧客の要望だということで当たり前なサービスとして定着してきました。

また、積み降ろし時にドライバーを長時間待機させることも気にしませんでした。さらに、本来、荷主側がやるべき積み降ろし作業をドライバーにやらせるということも平気で行なわれてきました。

 トラック業者におんぶに抱っこ

このように、これまでの物流は、トラック、より正確にいえば、**ドライバーに負荷を強いる**形で行なわれてきたのです。長く続いたトラック業界における過当競争の影響もあり、トラック運送業者側がそれを甘受してきたことにも、当然一因はあります。

いずれにしろ、これまでの物流は、トラック業者に“おんぶに抱っこ”の形でやられてきたといって過言ではありません。荷主企業

◎これまでの物流の常識は過去のもの◎

これまでの常識

●トラックはいつでも好きなだけ使える
●トラック運賃なんて安いものだ

●過剰な物流サービスを生んだ
●トラックを無駄使いしてきた

＝

トラック業者におんぶに抱っこの物流が常態化していた

このような常識は、ドライバー不足により過去のものとなった

の物流部門は、社内他部門からのしわ寄せをトラック運送業者に転嫁してきたという一面があることは否定できないでしょう。

ただ、このようなやり方は、ドライバー不足により、すべて過去のものとなってしまったわけです。これからの物流を考えるポイントがここにあります。

1-8 パラダイムシフトが起こっている

 パラダイムシフトとは

「パラダイムシフト」という言葉を使っていますが、いまの物流状況を端的に示す言葉といえます。

パラダイムシフトとは、これまで当たり前なこととされてきたものの見方や考え方、価値観などが劇的に変化するさまをいいます。簡単にいえば、「これまでの常識を否定する」ということです。

これまでの常識は、トラックが潤沢に存在し、いくらでも使えるという前提に成り立っていましたが、もはやドライバー不足により、トラックは希少価値的な存在になっています。

もはや、これまでのようなトラックの使い方はできない状況にあります。そうなると、これからの物流は、トラックを**最大限有効に活用する**という前提で構築されることになります。つまり、これまでのやり方を否定し、まったく新しい物流の構築が必要だということです。

 これまでの物流はすべて否定される

これまで当たり前だった、短納期、多頻度小口などというサービスはもはやあり得ません。ドライバーを長時間待機させたり、積み降ろしの作業を強いることも許されません。

これまで多くの荷主企業では、効率化と称して物流拠点の集約を進めてきました。その結果、長距離の輸送や配送が行なわれてきましたが、ドライバーの労働時間管理の強化とともに、これもできなくなりました。

つまり、これまでの物流のやり方はすべて否定されるといって過言ではありません。いまや、まったく新しい物流をつくり出すこと

◎物流におけるパラダイムシフトとは◎

パラダイムシフト
これまで当たり前なこととされてきたものの見方や考え方、価値観が劇的に変化すること
=

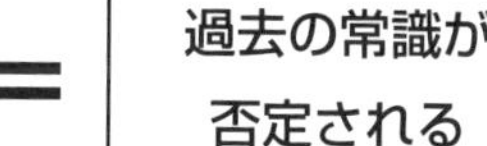
過去の常識が否定される
これまでの常識は、トラックは潤沢に存在し、いくらでも使えるという前提で成り立っていた

ドライバー不足で、この前提がなくなった

トラックは希少価値的な存在という前提で物流を再構築する

が求められているのです。それでは、その新しい物流の柱となるのは何でしょうか。それは、明らかです。

一言でいえば、「**人手不足対策**」です。トラックドライバー不足、物流拠点内の作業者不足に対応した物流のしくみをつくるということです。それでは、実際どのような取り組みが登場しているのでしょうか。次項で、実際の取り組み事例を見ていきたいと思います。

1-9 トラックの有効活用が中心テーマ

ドライバー不足対策とは

物流拠点内の作業者不足対策については、６章で触れますので、ここではドライバー不足対策を柱とした取り組みを見ていきます。

ドライバー不足に起因するトラック輸送の供給力低下への対策としては、以下のような方策が考えられます。

①若手ドライバーの参入を増やす
②既存のドライバーを有効活用する
③トラック輸送から他の輸送モードに転換する
④自動運転トラックの実用化を進める

これらのうち、荷主企業が関与でき、しかも効果が大きいのは、いうまでもなく②の既存ドライバーの有効活用です。１－６項で、10年後には輸送需要の75％しか運べなくなるといいましたが、単純計算すると、既存のドライバーが1.33倍の輸送ができれば不足分は埋まるということになります。

あまり意味のない計算かもしれませんが、要は、**トラックを徹底的に有効活用する**という点に尽きるということです。トラックを本来業務である「輸送」に多くの時間を充てる、また、積載効率を最大限高めるという取り組みが求められているのです。

これまでにない取り組みの登場

そこで、いま出てきているのが、以下の３つの取り組みです。

❶顧客との取引条件の見直し
❷同業・異業種他社との共同化
❸ロジスティクスの展開

これら３つの方策は、これまで実際に取り組まれたことはありま

◎トラック輸送を有効活用する取り組みとは◎

ドライバー不足への対策

①若手ドライバーの参入を増やす
②既存のドライバーを有効活用する
③トラック輸送から他の輸送モードに転換する
④自動運転トラックの実用化を進める

これらのうち、荷主企業が率先して取り組むべきは②のドライバーの有効活用

そのために行なうべき取り組み

❶顧客との取引条件の見直し
❷他社との共同化
❸ロジスティクスの展開

せんでした。❷の共同化については、これまで同業他社との事例は少なからず見られましたが、いま注目を集めているのは異業種他社との取り組みです。

次項以降で、❶と❷の取り組み事例について紹介していきます。❸のロジスティクスについては３章で詳しく説明します。

1-10 取引条件にメスが入り始めた

 納品リードタイムの延長

取引条件の変更において、トラックの有効活用という点で最も効果が大きいのは、**納品リードタイム（納期）の延長**です。たとえば、これまで当たり前だった翌日納品を翌々日納品に変更しようという取り組みです。

翌日納品の場合、最大の問題は、トラックの手配です。当日の昼とか午後３時に締めた注文を翌日の配送のために宵積みするとなると、トラックの手配は前日のうちにやっておかなければなりません。つまり、注文が確定する前に見込みで手配をしなければならないのです。

多くの場合、安全を見込んで、多めの手配になりますから、結果として、積載率の低いトラックで配送するということになります。ここでトラックの無駄使いが発生します。

これが翌々日納品になれば、顧客からの注文が確定してから手配することが可能になり、**トラックの有効活用が実現**します。また、宵積みのためにドライバーが夜までいる必要はありません。ドライバーの労働時間短縮にも大きな効果を発揮します。

 加工食品業界が先陣を切っている

このように、トラックの有効活用という点で効果の大きい納品リードタイムの延長に積極的に取り組んでいるのが、加工食品業界です。加工食品業界は、これまで、長時間待機が当たり前、納品に手間暇がかかる、パレットの積み替えをやらされる、積み降ろしをドライバーにさせる等が日常化していて、ドライバーから嫌われている業種として有名でした。

◎取引条件の変更によるメリット◎

トラックの有効活用で大きな効果が見込めるのは
「納品リードタイム（納期）の延長」

翌日納品 ➡ 翌々日納品

- 注文が確定してからトラックの手配ができる。見込みで多めのトラックを準備する必要がない
- 宵積みのためにドライバーが夜まで待機する必要がない

加工食品業界が先陣を切って翌々日納品化に取り組んでいる

さらに、検品の簡素化や長時間待機の解消にも積極的に取り組んでいる

ドライバー不足が顕著になって以来、このままではトラック業者から敬遠され、運べなくなってしまうという危機感から取引条件の見直しに力を入れているのです。

加工食品業界では、さらに検品の簡素化や長時間待機の解消にも積極的に取り組んでいます。これらの施策は、メーカー単独でできるものではなく、取引先との連携が不可避です。取引条件の見直しが進めば、納品活動は大きく変わります。この動きが今後、他業界にも拡大していくことは間違いありません。それをしなければ運べない危機に直面してしまうからです。

1-11 異業種共同化の取り組み

異業種３社の意欲的な取り組み事例

異業種共同化で高い評価を受けた事例を紹介しましょう。これは、グリーン物流パートナーシップ会議で平成30年度国土交通大臣賞を受賞した案件なので、実名で紹介します。加工食品メーカー「キユーピー」と日用雑貨メーカー「ライオン」、それに「日本パレットレンタル（ＪＰＲ)」という３社の取り組みです。

これは、トレーラー１台を共同利用し、異業種３社が代わる代わる自社の荷物を積み、関東から九州に至る全行程2,811㎞を１週間かけて一周するというものです。輸送手段としては、トレーラーとフェリーを利用しています。

右ページの図をご覧ください。キユーピー五霞工場でキユーピー製品がトレーラーに積み込まれ、東京港に運ばれます。東京港から新門司港までフェリーで運ばれます。トレーラーだけの無人輸送です。新門司港からトレーラーでキユーピーの鳥栖デポに行き、製品が降ろされます。

空になったトレーラーは、ＪＰＲの鳥栖デポに移送され、そこでＪＰＲのパレットが積まれ、新門司港から徳島港に行き、ライオンの工場に届けられます。空になったトレーラーにライオン製品が積まれ、東京港を経てライオンの北関東センターに届けられます。空になったトレーラーは、キユーピーの五霞工場に移送されます。

今後の拡大が期待される

全行程のうち陸上輸送部分は338㎞で、そのうち空車走行距離は14㎞なので、実車率は99.5になります。これまでは、各社それぞれで行なっていた物流を、ちょうどラウンドできるように構築した新

◎キユーピー、ライオン、JPRのラウンド輸送◎

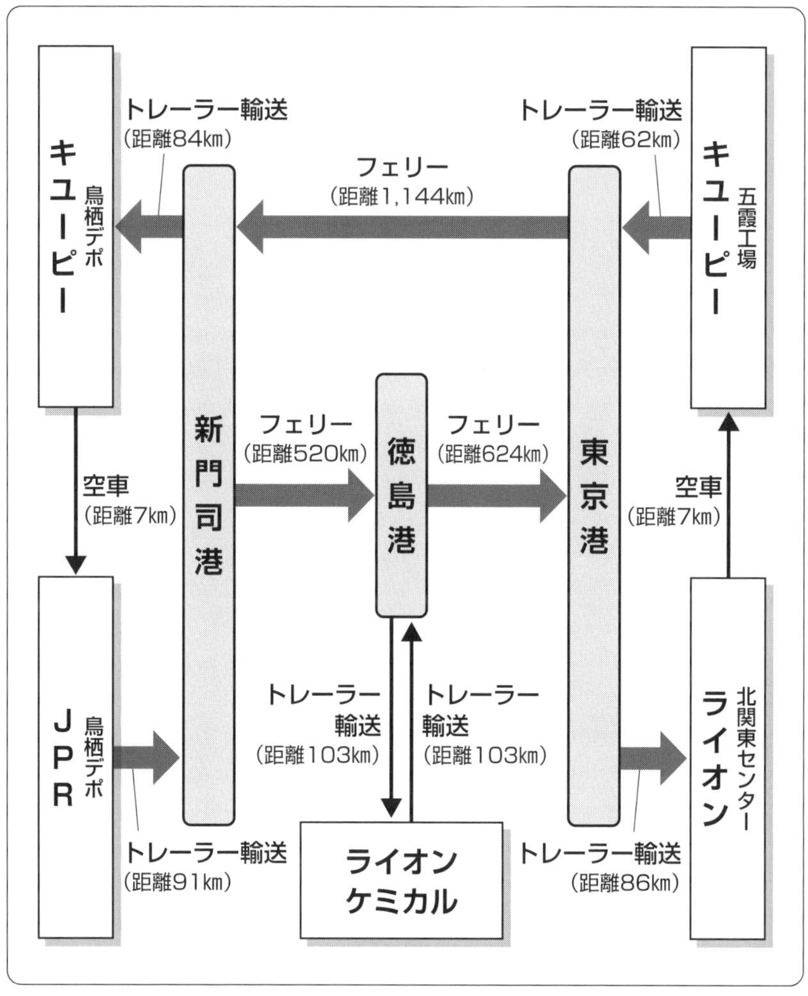

しい取り組みです。ドライバー不足への対応、環境対策という点で、効果の大きい取り組みであることは言うまでもありません。

共同化は、隙間を埋め合う取り組みですから、そう簡単ではありませんが、取り組み対象を異業種まで広げることで、大きな可能性が期待できます。新たな取り組みが登場することを期待したいと思います。

1-12 長時間待機解消への取り組み

 400分かかっていた納品時間を130分に短縮

ドライバーの長時間労働改善および輸送効率の向上のために、国が取り組んでいる施策に「**パイロット事業**」というものがあります。

ここで紹介するのは、滋賀県の案件で、発荷主「サンスター」、元請「名鉄運輸」、運送業者「ジャパンロジコム」と着荷主「あらた」の４社が連携して取り組んだ事業です。

これまで、輸送時間を除いた付帯業務に400分かかっていたのを130分に短縮したという取り組みです。400分の内訳は、右ページの図をご覧ください。ここでの時間短縮のポイントは、待機時間を240分から30分に減らし、荷卸し作業を90分から40分にし、検品時間をゼロにしたことです。

 時間短縮のポイント

そこで取り組まれたのは、以下の３つです。

１つは、着荷主における格納場所別の事前仕分けです。サンスターがあらたから受注情報と同時にあらたの物流センターの格納場所情報を入手し、この情報を元請である名鉄運輸に情報提供するという形に変えました。これまで、納品先で行なっていたシール貼りや格納場所別仕分けを積み込み時に行なうようにしたわけです。

２つめは、納品のトラックがあらたの物流センターに到着すると、仕分け完了車両の「優先荷卸し場所」が設けられていて、納品車両は待機せずに、そのまま荷卸し場所に入れるようにしたのです。

３つめは荷卸しの簡略化です。以前は、荷卸しのときに格納場所を示すシールを貼るのを待っていたり、格納場所別の仕分けをしていたのですが、格納場所別の仕分けは荷物の積み込み時にすでにで

◎４社連携による時間短縮の取り組み◎

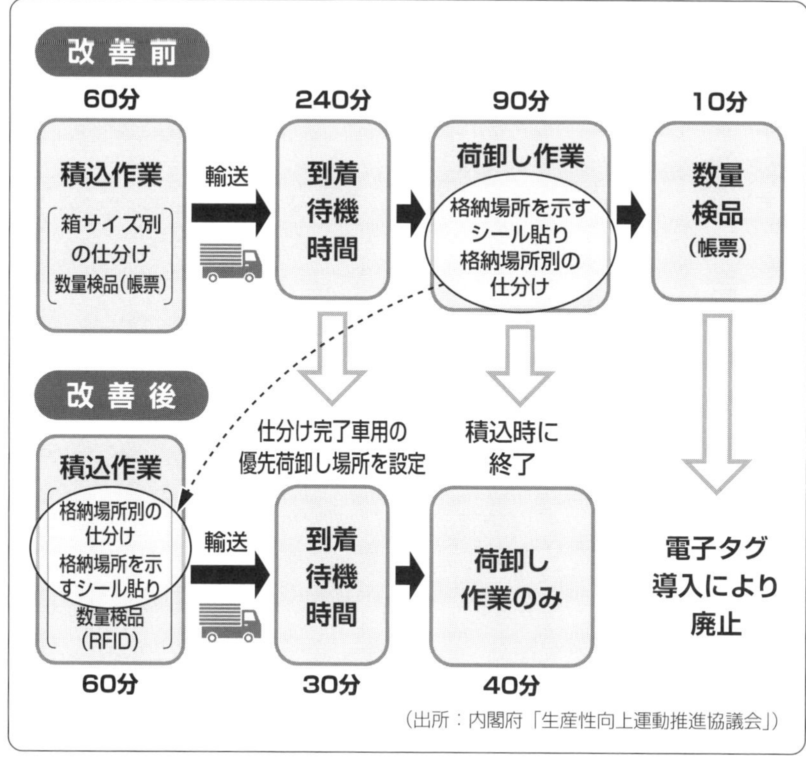

（出所：内閣府「生産性向上運動推進協議会」）

きているので、それらの作業は必要なくなり、その時間が省けたわけです。

それと、これまでは帳票をもとに数量検品を行なっていましたが、新しい取り組みでは、事前に、積んである荷物の情報が入った電子タグをパレットに貼り、この情報を前日にあらたに送信する形にしました。納品時にこの電子タグを読むことで、荷卸しと同時に検品が済んでしまいます。

この取り組みが実現したのは、発荷主、着荷主、物流業者という三者が、納品における無駄を徹底的に排除するという目的を共有し、それぞれがすべきことを確実に果たしたという点に尽きます。まさに、異業種各社の「連携」が大きな効果を発揮したといえます。

1-13 物流事業者の取引条件是正への取り組み

18台のトラックを14台に削減

この章の最後に、興味深い事例を紹介したいと思います。荷主に代わって取引条件の是正を物流業者が行なったという取り組みです。

この取り組みの主役は「乾汽船」という会社です。同社は、外航海運事業、不動産事業、倉庫事業という３つの事業を行なっていますが、この取り組みを行なったのは倉庫事業部です。

どのような取り組みかというと、同社では「バラちらし」と名づけています。この名前の意味するところは、「集中しているものをバラして、ちらして、平準化する」ということのようです。

要は、荷主から受託している配送業務において、これまで午前中に集中していた配送を納品先と交渉し、一部の配送を午後納品に切り替えることで、車両の有効活用を実現したというものです。これにより、これまで18台使っていた配送を14台の車両で済ますことができるようになったそうです。

物流部門が顧客と交渉することも必要

乾汽船は、主要荷主の了解を得て、みずから納品先を回りました。午前納品を午後にしてもらえるかどうかの交渉に行ったのです。交渉の結果は驚くべきものでした。

訪問したすべての納品先が賛同したそうです。同社担当者によると、「新聞報道などの影響か、ドライバー不足が深刻な状況にある点について訪問先すべてが理解していた」という状況だったそうです。

その結果、時間指定の解除は、93％の納品先が賛同して、午前中納品という指定を外してくれたとのことです。納品先のなかには、

◎乾汽船の取引条件是正へのチャレンジ◎

「乾汽船」が配送業務の平準化に乗り出す

これまで午前中に集中していた配送を
午後納品に拡大して平準化する

荷主の了解を得て、物流業者自らが届け先との
交渉を行なった

多くの届け先が了解した

（※）届け先での交渉で明らかになった事実
- 午前中納品などという時間指定をした覚えはない
- 別に午後納品でも一向にかまわない

届ける側が勝手に思い込んでいた「常識」が
存在する。いまこそ見直しが必要

「午前中納品などという時間指定をしている覚えはない」というところがけっこう多かったそうです。実際、発注書には午前中と指定されていましたが、「昔書いたものがそのまま残っていただけで、いまは意味はない」というのが実態だったということです。

この事例は、物流サービスの一面を物語っています。一概に顧客の要望だからという営業の言葉は疑ってみる必要があるかもしれません。さらにいえば、物流サービスについての交渉は営業部門ではなく、物流部門が率先して行なうことを考えてもいいのではないでしょうか。物流業者が率先して行なったこの事例は、その点も示唆しているといえます。

そもそも、管理って何？

「管理」という言葉を辞書でひいてみると、以下のような説明があります。

- 責任を持ってとりしきり、めんどうをみること（福武国語辞典）
- ある規準などから外れないよう、全体を統制すること（大辞泉）
- 一定の目的を効果的に実現するために、人的・物的諸要素を適切に結合し、その作用・運営を操作・指導する機能もしくは方法（日本大百科全書）

いろいろな定義がありますが、物流管理では、「管理とは、計画して、その通りに行なえるようにすること」ととらえると、やるべきことが明確になります。物流を計画通りに行なうには、物流を計画できなければならない、すなわち、どれだけの物流が発生するのかということを事前につかめるということが、必要条件になります。実をいうと、物流の世界では、この「事前につかむ」ということが、意外なほど行なわれていないという実態があります。

物流は派生業務です。つくったものを受け入れる、売れたものを出荷するという業務内容であり、自らの意思で今日の業務量を計画することはできない。これは、物流業務の宿命的な位置づけです。

しかし、「今日の業務量がわからない」というままで物流を管理するのは、本来的に不可能です。業務量がわからなければ、どれだけの人やスペース、トラックが必要なのかを計画できず、計画できなければ「計画通りにできたか」という検証もできません。この状態で、ただ、使った人の時間やコストを事後的に把握しているだけであれば、これはまさしく「管理不在」の状態です。物流管理の実態が実はこれに近いという会社が、決して珍しくないようです。

管理は必要量の想定から始まる。これは、輸送や保管という物流活動を管理する「現業管理」でも、「本来的な物流管理」とされる物流量あるいは在庫量の管理にも、共通する原理なのです。

2章

そもそも物流管理とは何をすることか

Physical Distribution
&
Logistics

執筆◎湯浅 和夫

2-1 改めて物流管理の役割を考える

１章で、これまでの物流とこれからの物流について述べてきました。そのなかで、物流管理の役割についても触れましたが、主に制約条件を中心に話を展開してきたので、物流管理とは何かという点では、十分な説明はできていません。そこで、この章で改めて、物流管理とは何かという点について説明したいと思います。

前述したように、物流管理が担うべき役割としては、以下の２つがあります。これらについて、少し違った視点から見ていきましょう。

①顧客から注文された商品を約束どおりに納品すること

②そのための物流活動をローコストで行なうこと

売上実現を担う

まず、①の顧客に約束どおりに納品するということは、言葉を換えれば、**売上を実現させる**ということです。売上は、顧客に納品してはじめて実現します。いくら注文を取っても、届けられなければ売上にはなりません。

その意味で物流は、製品開発、製造、マーケティング、営業活動と続く一連の企業活動の最終ランナーということになります。最終ランナーがゴールして企業活動は完結するわけです。決しておろそかにはできない活動が物流なのです。

利益創出を担う

物流管理の役割のもう１つが、②のローコスト物流の実現です。物流コスト削減への取組みということです。

メーカーに限らず流通業においても、利益を増大させるためにはコスト削減が有効な手段となります。すでに述べたように、コスト

◎物流が2つの役割を果たしてこそゴールする◎

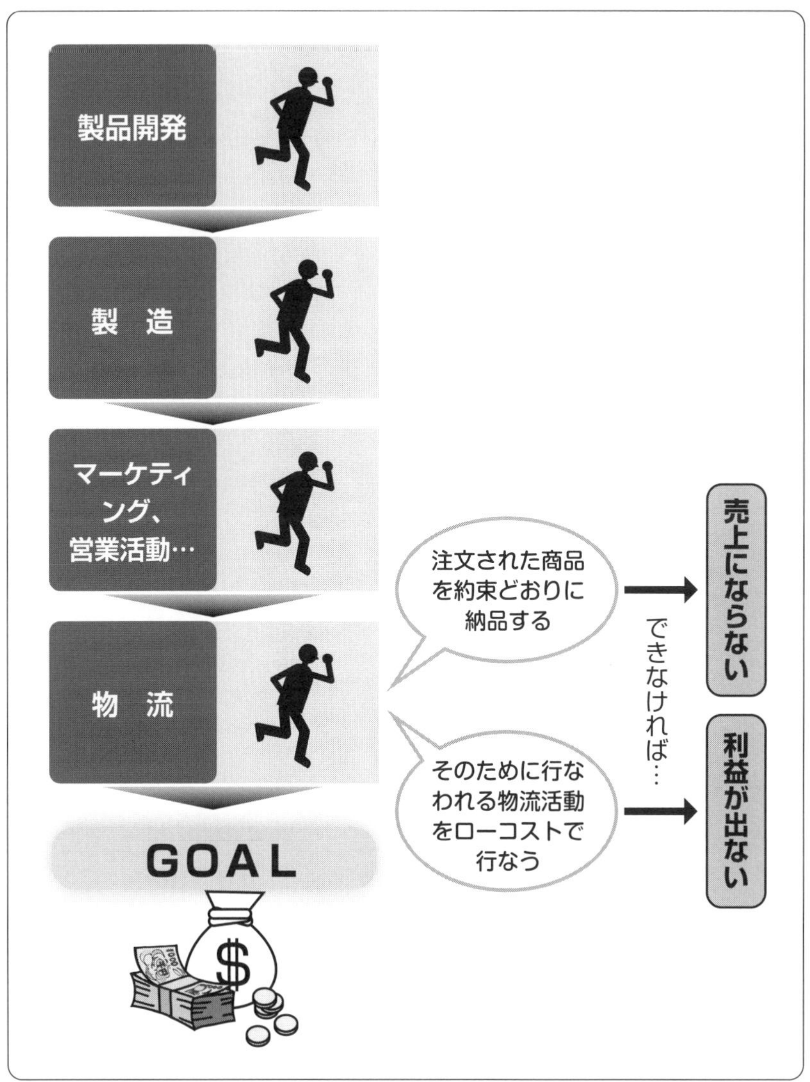
製品開発
製　造
マーケティング、営業活動…
物　流
GOAL
注文された商品を約束どおりに納品する
そのために行なわれる物流活動をローコストで行なう
できなければ…
売上にならない
利益が出ない

削減といえば、製造原価や仕入原価の削減と販売費・管理費の削減が主たるものになりますが、販管費のなかでも特に物流が利潤源として位置づけられているのです。

物流サービスが物流活動を規定する

物流管理の役割について理解いただけたと思いますが、実際、これを業務として実施するとなると、やっかいなことがいろいろ出てきます。物流を理解するうえで重要なことなので、この点について詳しくみてみましょう。

物流サービスの三大要素

まず顧客納品ですが、そのためには、物流拠点のなかでさまざまな作業が必要になります。顧客から注文が来たら、注文された商品を保管されている棚から取り出して揃えるという作業が最初に行なわれます。これを「**オーダーピッキング**」(一般には「**ピッキング**」と略称します）といいます。その後、検品を行ない、梱包して出荷の準備ができます。場合によっては、この間に値札貼りなどの流通加工が入ります。これらの準備作業が終われば、後は顧客に届けるだけです。

言葉にするとこれだけのことですが、この作業を制約する要因として、「**納期**」「**納入頻度**」「**納入単位**」などが登場します。これらを総称して「**物流サービス**」と呼びます。

これら物流サービスの三大要素のあり方が、顧客納品という活動を面倒なものにしているのです。ここで物流サービスを構成する要素を、１つずつ検討していきましょう。

「納期」は時間的な制約をかける

「納期」とは、注文を締めてから顧客に納品するまでの時間や日数をいいます。たとえば、今日夕方に締めた注文を翌日中に納品するということなら、納期は「１日」となります。「翌日納品」ともいいます。ちなみに、この納期は、顧客からみれば発注してから納

◎物流サービスの３要素が顧客納品を制約する◎

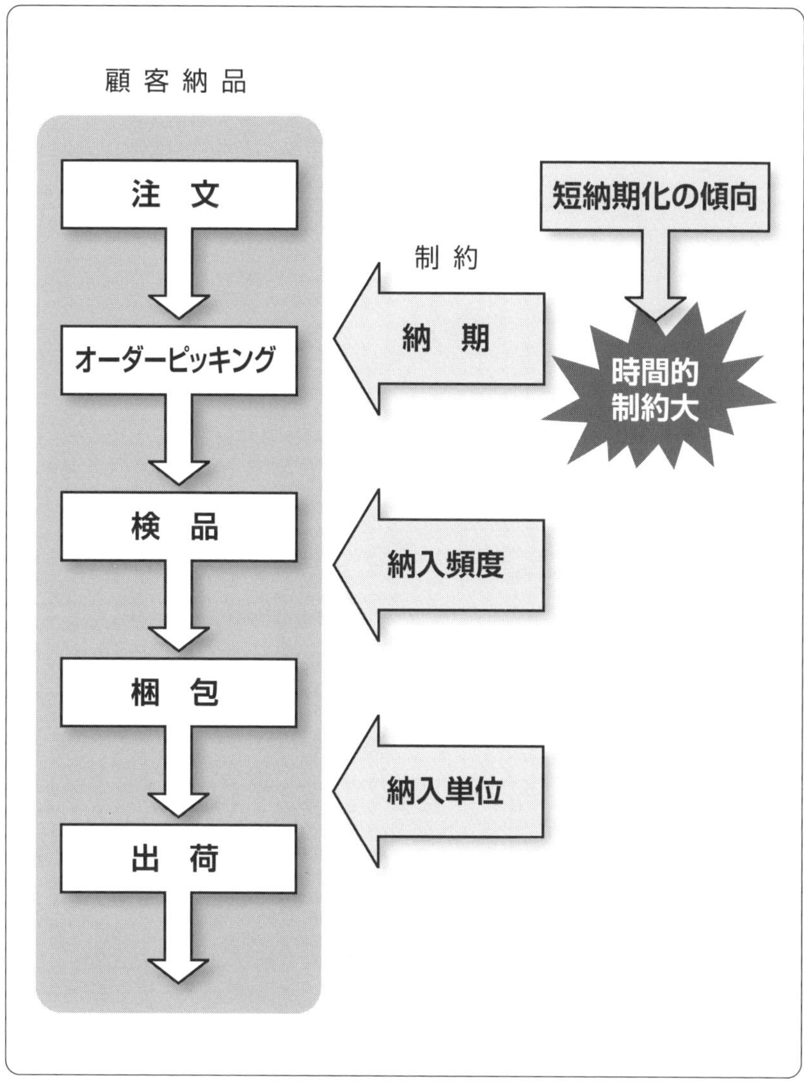

品されるまでの「**リードタイム**」にあたります。

納期は、これまでの傾向としては、どんどん短くなってきていました。これを「**短納期化**」と呼びます。短納期化は納品作業に時間的制約をかけることになります。

2-3 納期が配送拠点の数を決める

「**納期**」が納品作業、さらにいえば、物流活動に与える影響はきわめて大きなものがあります。それは、配送拠点の数を決めることになるからです。

 納期を分解してみると

たとえば、「当日納品」と「翌々日納品」とを比べてみましょう。納期を分解すると、「注文を処理して出荷指図書が出るまでの時間」「出荷指図書を受けて出荷作業を行なう時間」「顧客に配送する時間」という３つに分けることができます。

これらのうち、注文処理時間と出荷作業時間が同じならば、配送時間にどれだけの余裕時間があるかによって配送拠点の数が変わってきます。全国展開している企業ならば、当日納品のためには全国に数十か所の拠点が必要になります。これに対して翌々日納品でよければ東西に２か所程度あれば十分です。

このように、納期は配送拠点の数を決定するという大きな制約要因になるわけです。

 配送に割ける時間で拠点配置が決まる

配送拠点の数が増えれば、物流コストも大きくなってしまいます。そのため、可能な限り配送拠点の数を少なくするという取組みが求められます。この場合、何をすればいいかというと、**注文処理時間と出荷作業時間を短縮する**ことが必要になります。

たとえば、納期が６時間であった場合、注文処理時間と作業時間に３時間かかれば、配送に使える時間は３時間になります。３時間で走れる範囲に配送拠点を配置する必要があるということです。

もし、注文処理時間と作業時間を２時間に短縮できれば、配送に

◎配送時間と配送拠点数の関係◎

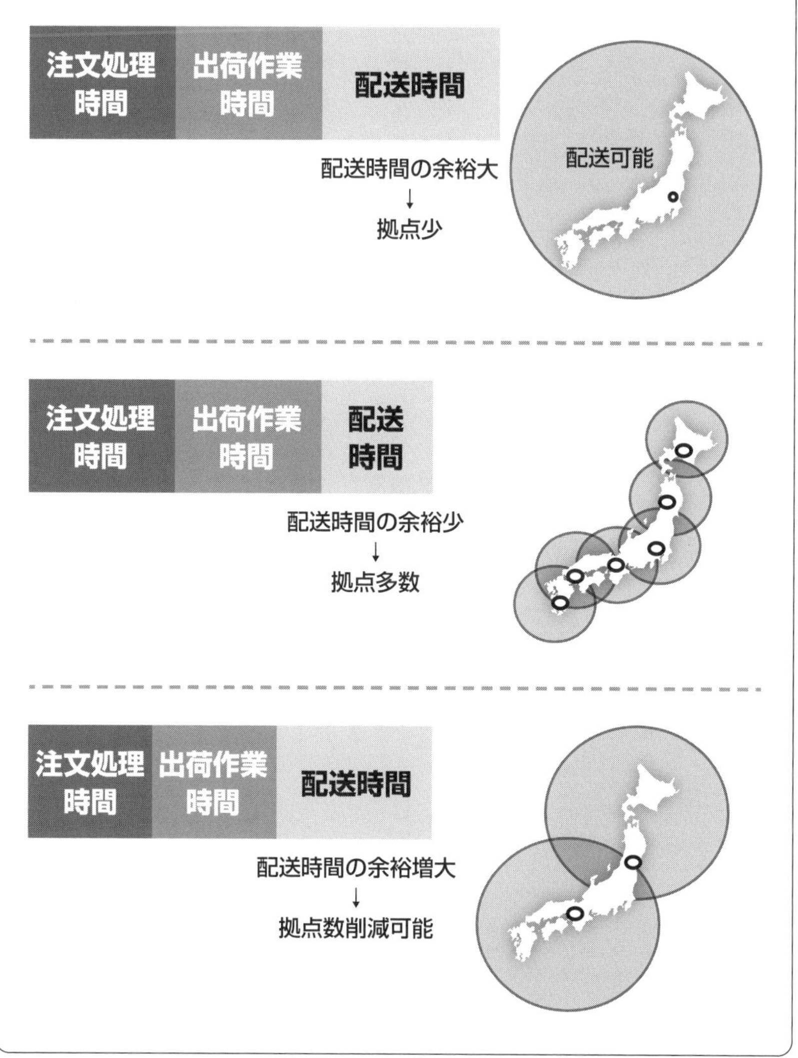

は４時間の時間が割けます。つまり、４時間で走れる範囲に配送拠点を置けばよいということになり、配送拠点の数は減ります。

納期と納品作業は、このような関係のなかに位置づけられることになるわけです。

多頻度小口化が納入作業を制約する

一言で納品活動といっても、そう簡単なことではないという話をしていますが、もう少し続けましょう。

物流サービスのもう１つの要素である「**納入頻度**」も納品作業に大きな影響を与えます。**納入頻度は「納入単位」と対になっている**ので、これら２つを一緒にして検討します。

多頻度小口化とは

納入頻度と納入単位については、傾向として「**多頻度小口化**」ということがいわれ続けてきました。

たとえば、ある顧客からある商品について、これまで週１回、１ケース単位（20個入り）で注文が来ていたものが、週５回、バラで４個ずつ注文が来るようになったとします。これが、多頻度小口化といわれる現象です。売上は変わらないのに、納入頻度だけが増えることになります。

これまで、このような傾向が続いてきました。こうなると、納品作業はかなり面倒になります。ケース単位で注文が来れば、ケースをそのまま出荷に回せます。ところが、バラ単位で注文が来ると、ピッキングの後にバラの商品をまとめるための梱包が必要になります。また、バラのピッキング作業を効率的に行なうためにバラ専用の作業場所が必要になります。作業時間も多くかかります。

多頻度小口化という流れのなかで、納品作業をより早く行なうための工夫が求められるわけです。

物流部門の重要な役割

「売上実現のために顧客に納品する」という重要な役割を果たすための責任を負う物流部門は、ここで述べたような制約のなかで、

◎多頻度小口化は作業が増える◎

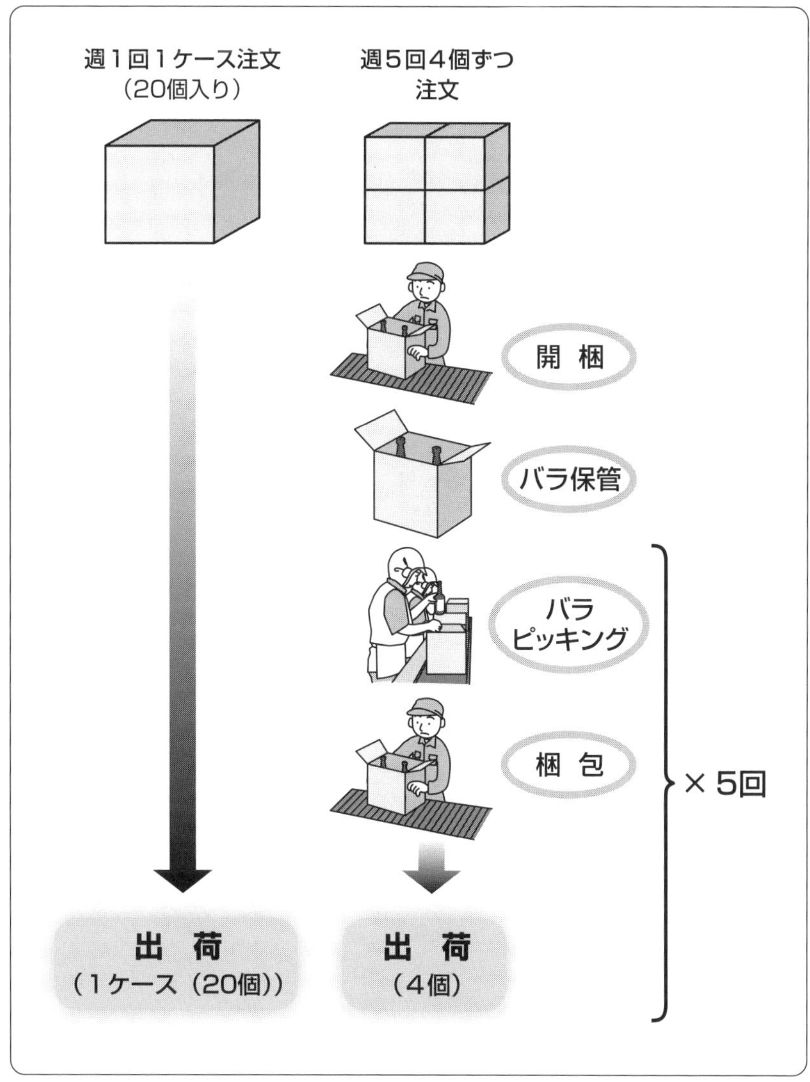

その実現に取り組んでいます。

もちろん、物流活動全体は顧客納品のために行なわれているわけですから、**「約束どおり納品する」という責任を果たす**ことが、物流管理において重要な意味をもつことはいうまでもありません。

2-5 企業内の誰もが物流サービスに関心をもたなかった

 顧客の要望は何でも聞くのが当たり前だった

短納期化や多頻度小口化などの動きは、基本的には顧客からの要求により進展しました。何が売れるかわからない、という市場の不透明化が進むとともに、自己防衛的に顧客が在庫をもたなくなってしまったからです。在庫をもたないため、発注がたびたびかかると同時に、**「発注した商品はできるだけ早く納品してくれ」という要求が高まってきた**のです。

これに対して、注文を受ける側は、それをセーブするための対策を何もとってきませんでした。とくに、営業部門は一貫して、「顧客の要望は何でも聞くのが当たり前だ」という態度をとってきました。物流サービス要求の高まりが収益にどのような影響を与えるのかという点について、企業内の誰も関心をもたなかったというのが実態だったのです。

 物流部門さえ問題提起しなかった

この物流サービス要求の高まりが、物流コストを押し上げることは明白です。ただ、それを把握している物流部門も、これについて何の意見も出さなかったということも事実です。物流サービス要求の高まりを一番身近に実感している物流部門が問題提起しないのですから、企業内で誰もそれを問題視しなかったのは当然の帰結です。

その結果、物流部門は由々しき事態に直面します。いうまでもなく、**物流コストが上昇し続ける**という状況に陥ったのです。この物流コストの上昇について、経営トップからその責任を問う声があがることもありました。

その場合、物流部門は苦しい状況に立たされます。「顧客からの

◎物流サービスに関心をもたないとどうなる？◎

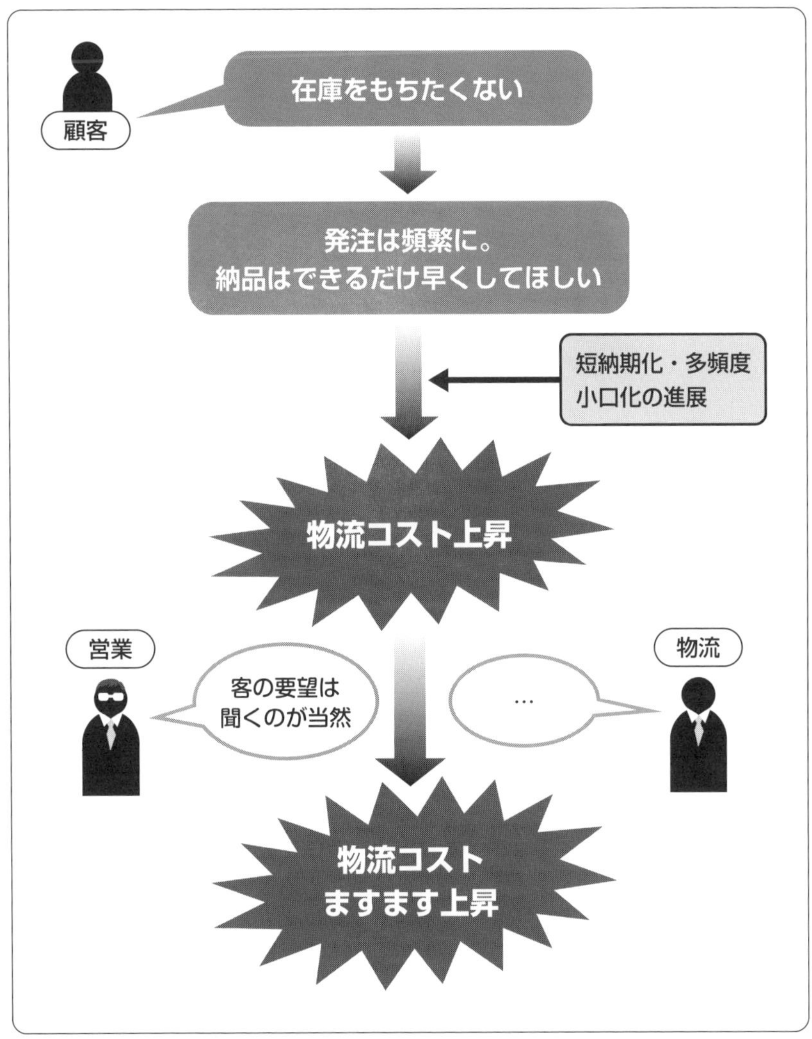

要求が高まったせいです」などと言い訳しようものなら、「責任転嫁するな」と逆に叱責されることもありました。

このような状況は、「物流管理とは何か」という本質的な問題を提起しているといえます。この本質的な問題について次項以降で検討していきましょう。

2-6 物流管理における不可思議な現象

物流管理において、顧客納品と並ぶ重要な役割として「**物流コスト削減**」があることはすでに述べました。物流コストを削減することで、利益増に貢献しようという取組みです。多くの企業の物流部門がこれに熱心に取り組んでいます。

 コスト削減とコスト上昇の同時発生

しかし現実には、この取組みにおいて不可思議なことが起こっています。わかりやすい例を出しましょう。

物流部門が物流拠点内の作業効率化に取り組んで、コスト削減という成果を得たとします。ところがそんな状況で、顧客から緊急出荷要請が多発したり、バラ出荷が増加したりしたら、どうなるでしょうか。

物流サービス要求の高まりは、直接、物流コストの増加に結びつきます。一方で、物流部門が物流コスト削減に取り組んで、成果を出しているのに、他方で物流サービス要求の高まりによって物流コストが上がってしまうというわけです。

何とも妙な話です。**物流サービスへの要求が高まることで、せっかくの効率化効果を消してしまう**のです。

 生産との関係でも同じ問題が起こる

このような状態では、物流部門のコスト削減努力は報われません。企業内では結果でしか評価されませんから、結果としてトータルの物流コストが上がってしまえば、「物流部門は何をやっているんだ！」ということになります。

このような理不尽な事態は、生産部門との間でも発生します。たとえば、生産部門が大量の在庫を生み出した場合、それを保管する

◎物流サービスが要求されると物流コストが増大する！◎

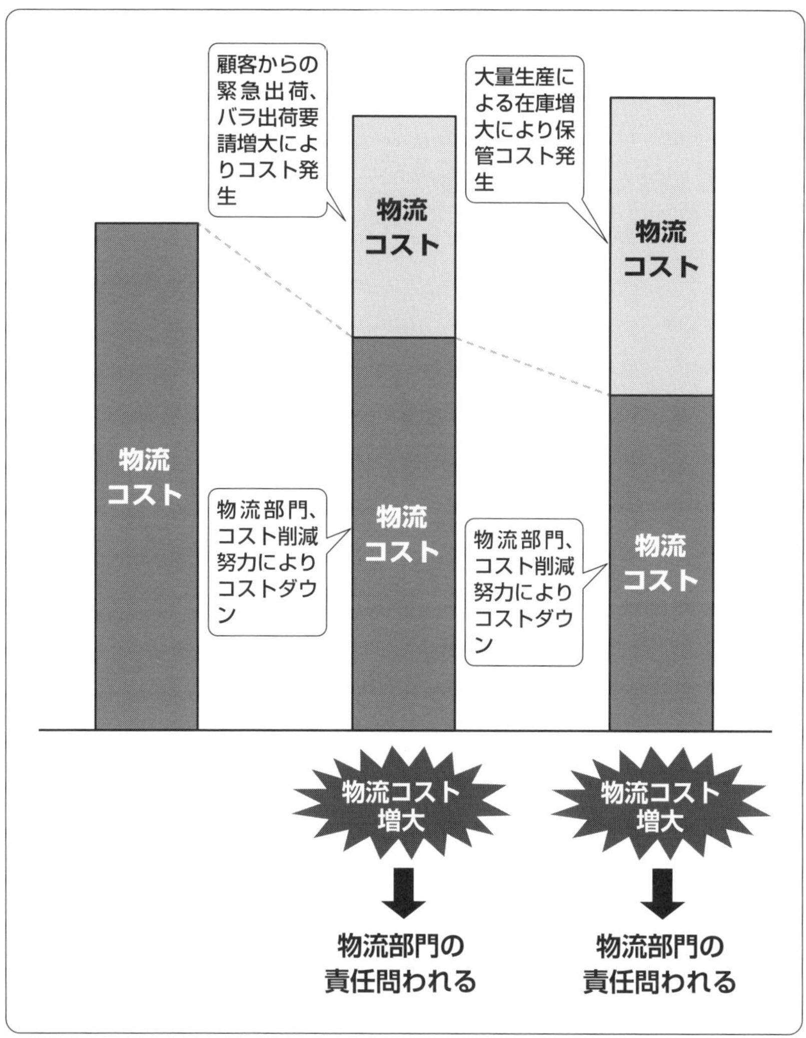

場所が必要になります。もし、そのために新たな倉庫を借りなければならなくなった場合、保管費用が増加します。この保管費用は物流コストだから物流部門の責任、ということになれば、物流部門は、ここでも自身の責任でないコスト増を背負うことになってしまうのです。

2-7 物流発生源の存在と物流管理

改めていうまでもなく、物流を発生させているのは物流部門ではありません。生産や仕入れ、営業活動の結果として物流が発生するのです。これら物流を発生させる部門を「**物流発生源**」といいますが、物流発生源ではない物流部門が物流を管理するというところに、その難しさがあるのです。

生産や仕入れ、営業活動の結果として物流は発生する

生産や仕入れの結果、在庫が発生してしまったら、必然的に保管が必要になります。在庫が多ければ、保管面積は広くなります。これについては、物流部門としては何もできません。

また、顧客から注文が来たら、それがいかに高コストになろうともやらざるをえません。つまり物流は、**生産や仕入れのしかた、顧客から要求される物流サービスのあり方によって大きな制約を受ける**わけです。物流サービスは、このような制約のなかで行なわれるという宿命を背負っているといって過言ではないのです。

活動の効率化に特化せざるをえない

このようななかで物流部門は、顧客納品に責任を負い、物流コスト削減に取り組んでいるわけです。その取組みには、１つの共通する特徴があります。それは、物流コスト削減策として、活動の効率化に特化せざるをえないということです。つまり、**輸送や配送、拠点内作業を効率化する**ということです。

本来、物流コスト削減のためには、必要以上の在庫は発生させない、過剰と思われる物流サービスにメスを入れ、物流拠点配置や拠点内作業の見直しをするなどの取組みが有効です。ただ、現実問題として、そのような取組みは困難だという企業が少なくありません。

◎生産、仕入、営業活動から物流が発生する◎

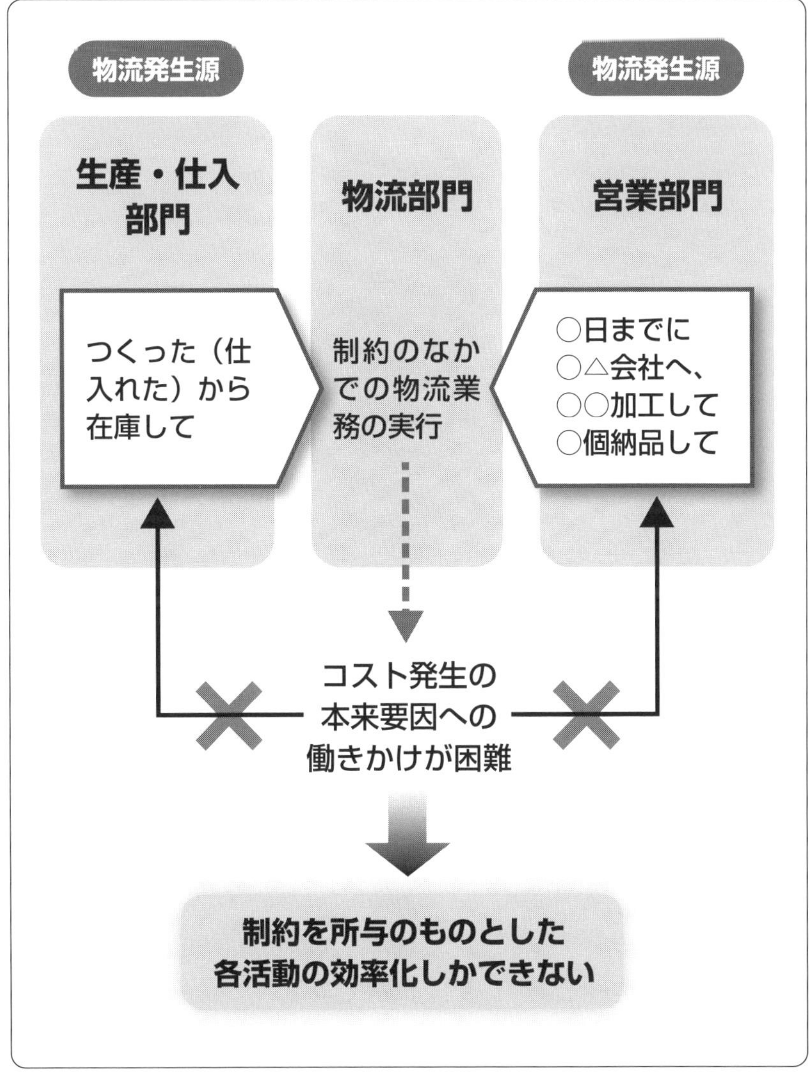

そこで、多くの物流部門では、自分たちでできる範囲での取組み、つまり、**活動の効率化**が取組みの中心になるのです。もちろん、活動の効率化は重要な取組みであり、積極的に進めるべきですが、それは多くの制約のなかで行なわれていることを理解してください。

物流コスト責任の帰属を明確化する

物流発生源の存在を考えると、物流部門としてやっておかなければならないことが１つあります。それは、物流コストについて責任の帰属を明確にしておくということです。

 管理不能なコストには責任を負えない

物流発生源の動き方次第で物流のありようが決まってしまうということは、物流部門としては**管理不能の物流が発生する**ということです。

管理できない物流の責任を負うことはできませんし、責任を負えない物流にかかわるコストは、物流部門としては、当然、管理不能のコストとなります。

このような管理不能のコストについては、明確に識別できるようにしておくことが必要です。

これは、物流部門が責任逃れをしようということでは決してありません。企業として、本気で物流コストを下げたいと思ったら、物流を発生させている部門の協力が必要であり、その協力を得るためには、物流発生源が物流コストのどの部分に影響を与えているかがわかることが必要だからです。

 物流は全社で取り組む課題である

よく「物流は全社で取り組む課題」といわれるのは、物流部門だけでは管理しえない部分が多くあるためです。在庫については生産部門や仕入部門が主体的に取り組むべきですし、顧客サービスについては営業部門の関わりが欠かせません。

生産や仕入れ、営業部門の関わりを促すためには、それぞれの部門の活動で発生させている物流コストを明示することが不可欠です。

◎物流コストの明確化の流れ◎

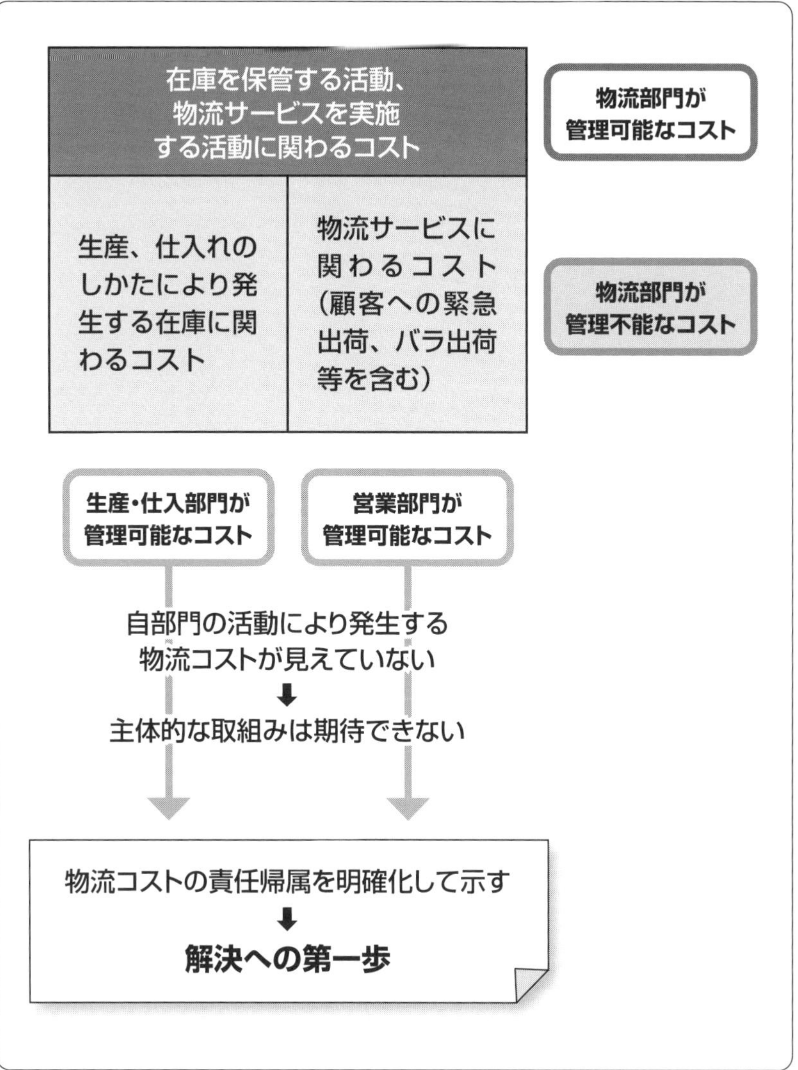

その全貌がわかれば、それらを発生させている部門としても、取組みの効果が測定でき、やる気が出るはずです。その意味からも、責任の帰属がわかる形で物流コストを把握することが有効なのです。

2-9 確実な顧客納品を実現するために

物流管理において最優先されるものは顧客納品の確保だといいましたが、これに関して物流部門として管理すべき対象として、配送を委託している物流業者があります。多くの企業において、顧客への配送は専門のトラック輸送業者に委託しています。これら配送業者との連携を強化することが、物流管理の重要な仕事でもあります。

 遅配の発生を抑制する

顧客納品において問題となるのは、「**遅配**」「**誤配**」です。

遅配とは、文字どおり約束の時間より納品が遅れることです。顧客のなかには、納品に合わせて荷受け作業をスケジュール化しているところもあり、納品が遅れると、顧客の作業に支障をきたすことにもなります。このようなことが許容範囲を超えれば、当然、顧客の信頼を失い、商売に支障が出ることは明らかです。物流部門の責任が強く問われます。

遅配の管理について、やることは決まっています。配送を担っている事業者は遅配をしないように仕事をしているわけですから、遅配はやむを得ない状況で発生します。ということは、**遅配が起こったときにどう対応するか**という対策が、遅配の管理ポイントとなります。その対応をマニュアル化しておくことが必要ですが、当然、配送を行なう事業者との共有が欠かせません。

 誤配の発生を抑制する

誤配とは、誤った商品が納品されることです。商品は正しかったけど、数が違ったなどというケースもあります。せっかく納品したのに、注文どおりではないとなると、顧客は当然、不満をもちます。また、再配達など納品側にコスト増が起こります。

◎遅配、誤配を管理するポイント◎

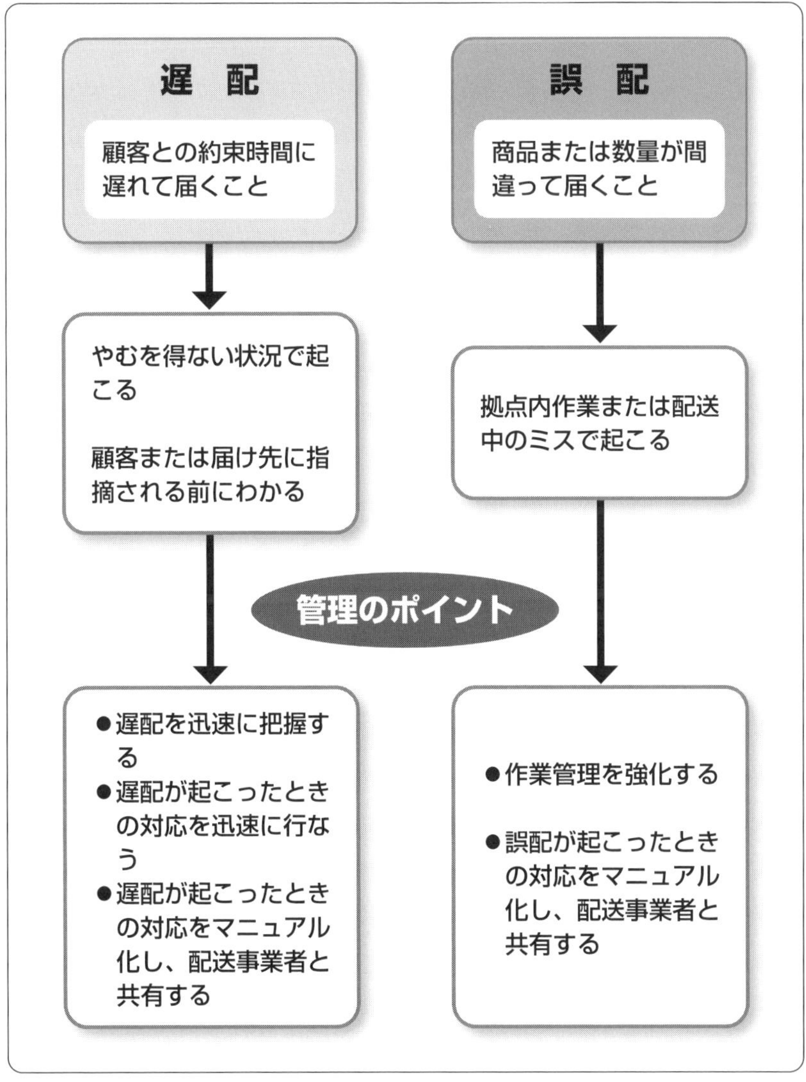

誤配は、多くの場合、物流拠点内での作業ミスが原因で発生します。ピッキングでミスしたものを、検品で検出できなかったということです。

当然のことながら、**作業管理の強化**が誤配の管理につながります。

物流部門の次なる課題は何か

物流管理の実践において重要と思われるポイントに絞って話をしてきましたが、要は、物流に課された２つの役割を確実に遂行することに物流部門が責任を負うということです。

その責任を担うにあたって、課題があることも指摘しました。その主たるものは、物流発生源にかかわるものでした。物流コスト削減という点で、物流部門は厳しい状況に置かれていることは理解されたと思います。そこで、物流コストの責任区分について責任帰属という点で明確にすることが必要だと述べました。

 物流からロジスティクスへの展開

ただ、このような責任帰属の明確化は重要ではありますが、本質的な解決策には至りません。次善の策というレベルにとどまります。この章の最後に、このレベルを脱するにはどうしたらよいかということについて簡単に触れておきたいと思います。詳しくは３章で検討します。

これまでは、物流部門とは別に物流発生源が存在し、物流発生源が物流の効率性やコストなどを考えずに行動していることから物流部門に課題が発生していました。この課題を根本的に解決するには、やり方は１つしかありません。

やや抽象的ないい方になりますが、それは簡単にいえば、**物流発生源における物流に関わる部分と物流部門を同一の管理下に置いてしまう**ということです。そうなれば、物流に関わる物流発生源の動きが、物流の効率性などを意識した動きになるはずだということです。これが、３章で述べる「**ロジスティクス**」というマネジメントになります。

◎物流発生源と物流部門は同一の管理下に◎

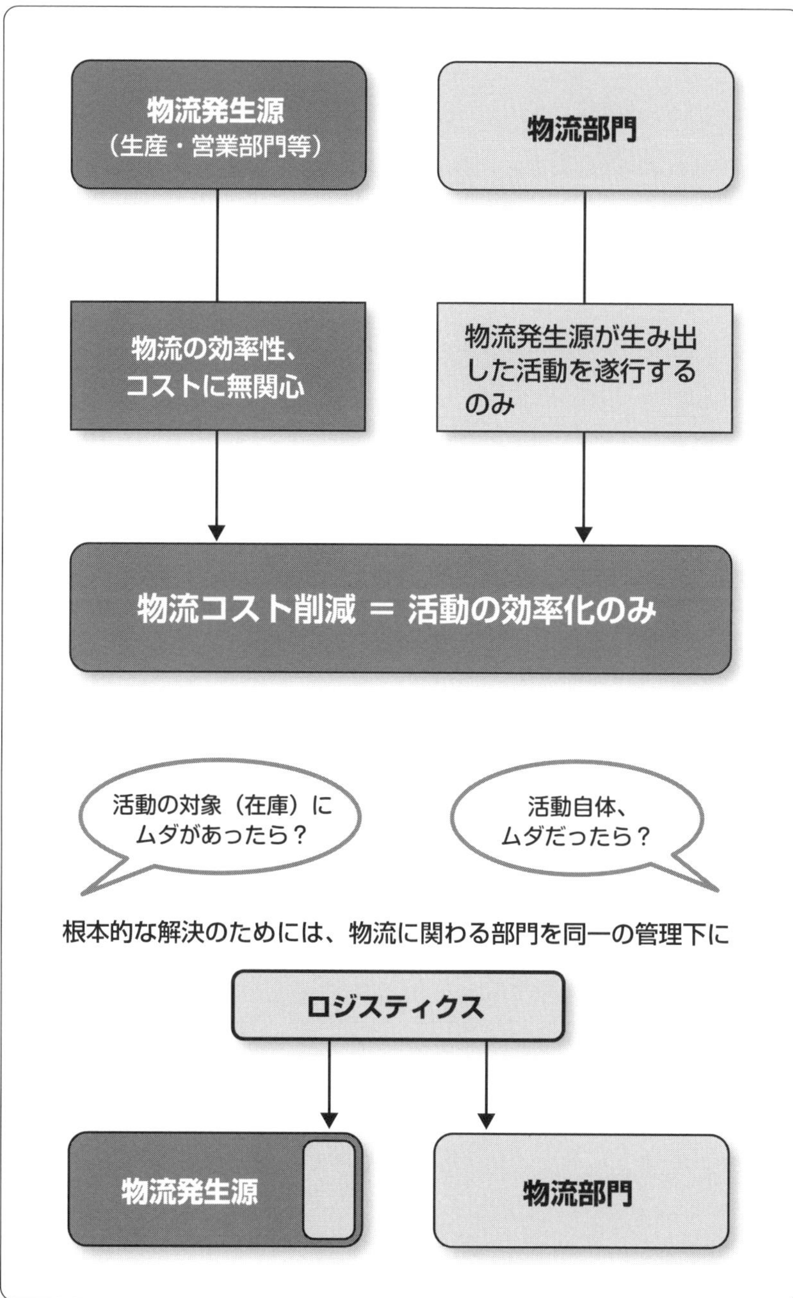

Coffee Break ❷

秀吉もソクラテスも「兵站」を語る

「兵站」（へいたん）とは、聞きなれない言葉かもしれませんが、いま、物流に求められていることをわかりやすく説明できる言葉です。英語では「ロジスティクス」です。こちらのほうが馴染みがあるという方も多いかもしれませんね。本文にも詳しく書いてありますので、参照してください。

実は、兵站の重要性は、紀元前から指摘されているのです。ソクラテスをご存知でしょうか？　世界史の教科書にも載っているギリシャの哲学者です。紀元前400年頃の人物です。「無知の知」という名言で有名ですね。

ソクラテスは、若い頃に戦場に出たことがあるのです。その経験を踏まえてか、こんなことを言っています。

「戦いにおける指揮官の能力として『戦術』が占める割合はわずかである。第一にして最も重要な能力は部下の兵士たちに軍装備をそろえ、糧食を与え続けられる点にある」。

一方、日本で兵站を重視したのが豊臣秀吉です。彼が得意とした戦法は「兵糧攻め（ひょうろうぜめ）」。すなわち、敵の補給線を断つ、地味ですが、必勝の戦法なのです。

どんなに兵士の士気が高くても、食料が不足すれば戦い続けることはできません。戦術のよし悪しで勝つか負けるかは確率の問題ですが、食料や弾薬が不足すれば、戦うことすらできず、勝利もあり得ないのです。

兵站の実現のためには、最前線では必要なモノに関わる情報を後方に正確・迅速に伝え、後方では、それらの情報をもとに、必要な時期に必要なモノを必要な量だけ送り込むことが重要です。

ちなみに「logistics」は、ギリシャ語で「計算を基礎にした活動」ないしは「計算の熟練者」を意味する「logistikos」に由来しています。

3章

物流から
ロジスティクスへの展開

Physical Distribution
&
Logistics

執筆◎湯浅 和夫

3-1 物流とロジスティクスとの関係

 物流を動かすしくみ

この章では、１章で説明した２つの物流領域のうち、工場から配送拠点までの物流を対象に、その動かし方について説明します。

メーカーにおいて、工場から配送拠点までの物流は、量的にもコスト的にも、かなり大きなウェイトを占めます。工場が複数か所あり、配送拠点も全国に多く配置されていたら、そこで使われるトラックは膨大な数になるはずです。このトラックの数を必要最小限にすることを可能にするのが「**物流システム**」です。

つまり、物流システムは、いま課題になっている「ドライバー不足」への対策としても有効に機能できるものなのです。

ところが、実際のところ、物流システムが動いている企業は少ないというのが実態です。たとえば、売れるかどうかわからないけれど、営業部門がほしいといっているので配送拠点に在庫を送り込むといったムダな輸送が起こっている場合、そこに物流システムは存在しません。営業や工場の都合や思惑で在庫が動かされているという実態があります。

このような実態から脱却するためには、市場における出荷動向に同期化させて物流を行なうという「しくみ」が必要になります。このしくみが「物流システム」です。

 ロジスティクスへの展開

工場が生産効率だけを考えてつくったらどうなるでしょうか。当然、在庫がたくさん生まれます。売れ残る危険が出ます。工場倉庫に入り切らないというので、近辺に倉庫を借りたり、場合によっては、配送拠点に押し込んだりすることもあります。ここでも、さま

◎物流システムはドライバー不足対策に有効◎

物流システム

市場への出荷動向に合わせて
●配送拠点に在庫を配置する
●工場倉庫から配送拠点に補充する

ムダのない物流が実現する

必要最小限のトラック輸送が可能になる

ドライバー不足対策になる

ざまなムダが発生します。

そこで登場するのが、市場が必要とするものだけをつくればいいではないかという考えです。さらに、工場で使う原材料なども生産に合わせて必要なものを必要なだけ調達しようという考えも出てきます。

このように、市場の動きに合わせて物流を行ない、生産をし、調達をするといった市場連動型のしくみをつくり、動かすマネジメントを「**ロジスティクス**」といいます。本章では、まず、物流システムを動かす「在庫補充システム」について説明し、それを受けて、後半に「ロジスティクス」について解説します。

物流システムとは「市場に対する補充のしくみ」

過剰な在庫はないか

物流システムとは、「市場に対する補充のしくみ」であると考えると、実現すべきことがわかりやすくなります。それは、「**いま、市場で売れているものを供給する**」ということです。逆にいえば、売行きが止まっている商品を供給するようなことは、物流システムの目的に反することになります。

「そんなおかしなことをするはずがない」と思われるかもしれませんが、在庫状況をチェックしてみてください。何年も出荷されていない商品や、売行きに比べて在庫をもちすぎといった過剰な量の商品があるはずです。このような在庫の存在は、「市場が求めていないモノを供給してしまった」ことによる結果なのです。

物流システム不在のムダとは

「市場が求めていないモノを供給する」とどんなことが起こるのか、整理してみましょう。市場に近いほうからさかのぼってみてみます。

- **配送拠点で在庫が必要以上に保管されている**
- **売上に結びつかない商品がムダに配送拠点まで運ばれている**
- **売上に結びつかない商品が仕入れられている**
- **売上に結びつかない商品が生産されている**

これらの活動には、すべてコストがかかっています。保管コストやトラックのコスト、仕入代金、生産費用等です。コストをかけて供給したにもかかわらず売上に結びついていないのですから、結果は大損です。

このような物流は、物流システム不在のムダといえます。

◎売れない商品を供給するシステムになっていないか◎

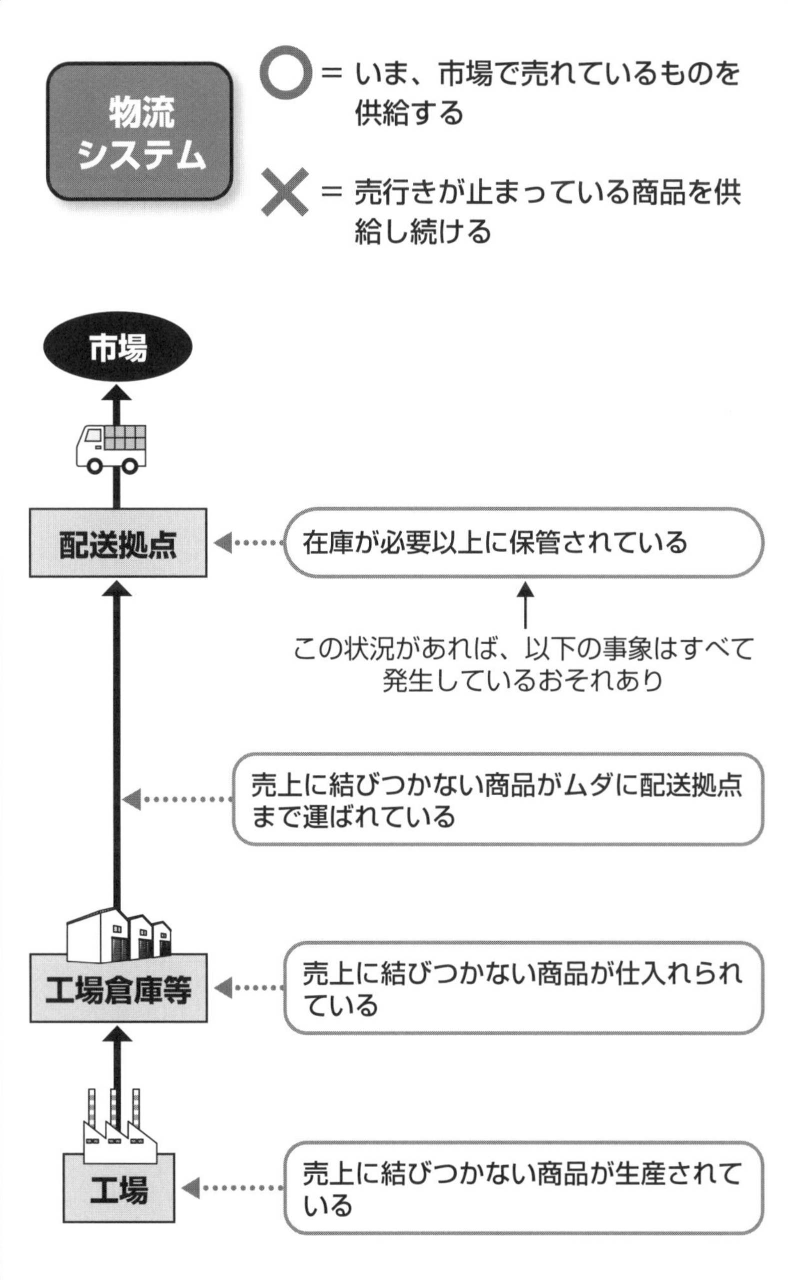

3-3 物流を出荷動向と同期化させる

 生産効率より出荷動向を優先させる

前項で説明したように、物流システムは市場に対する補充のしくみです。「いま、市場で売れているモノを供給する」ためには、物流を出荷動向と同期化させることが必要になります。

右ページ図のA社を例に簡単に説明すると、「配送拠点から出荷されたら、出荷されたモノを出荷された量だけ、工場倉庫から配送拠点に移してくる」ということです。

工場では、工場倉庫の在庫の減り具合に応じて生産を行ないます。生産現場では生産効率を優先させるのではなく、工場倉庫からの出荷動向に合わせていくことが、ムダのない物流システムを動かすことにつながります。

これを繰り返すことで、配送拠点にある商品在庫は、**いつでも「いま売れているモノ」だけで維持**することができます。

 売上の変化に対応する

ところで、売上状況は変化します。物流システムも、もちろん、売上の変化に対応していかねばなりません。いま売れている商品は何か、売上は落ちているのか伸びているのか、といったことに常に対応していかねばならないのです。

顧客に配送するために在庫をもっているのですから、注文があったときに在庫を切らしていてはいけません（これを「**欠品**」と呼びます）。不良在庫を出さないようにするためには、過剰在庫をもつのも避けねばなりません。では、どれくらいもっていればよいのでしょうか？

これに答えを提示してくれるのが、**在庫補充システム**なのです。

◎A社の物流システムの例◎

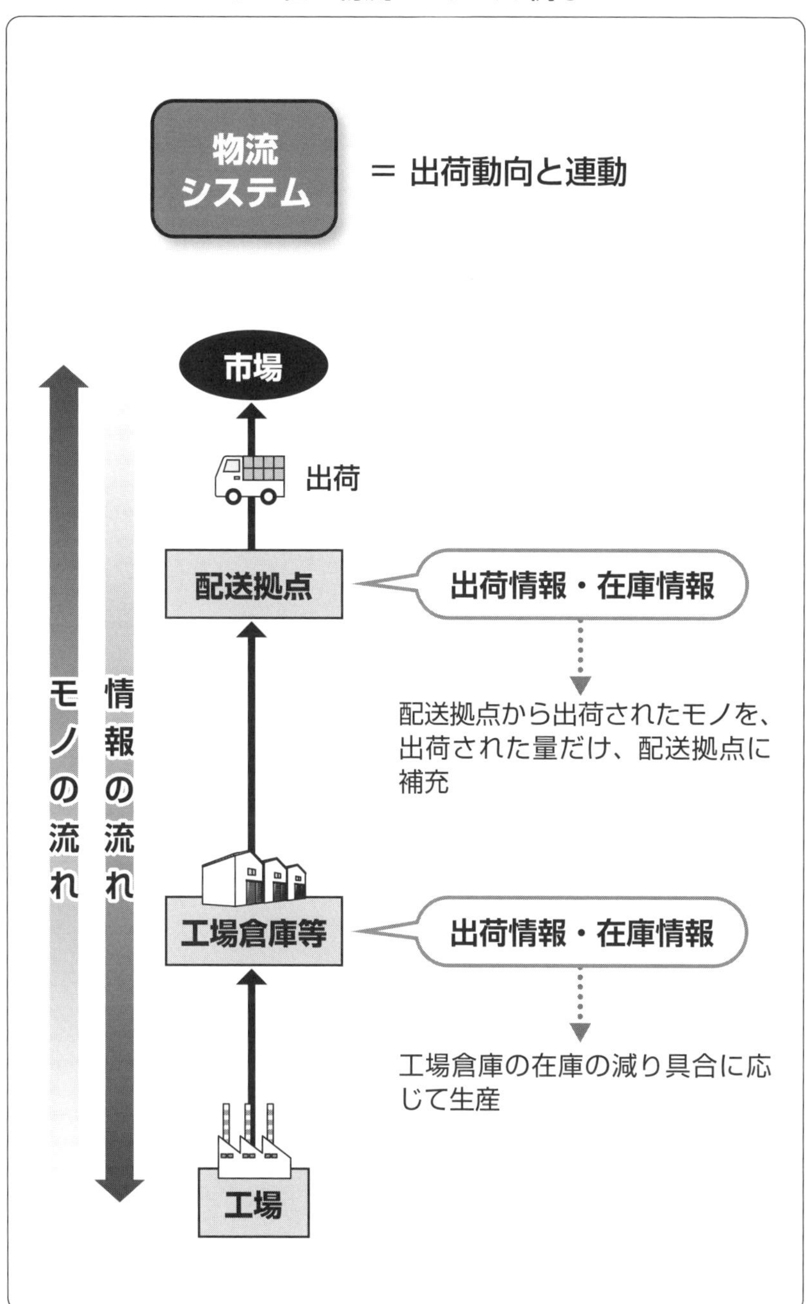

3-4 在庫補充システムを活用する

 どれだけの在庫を用意するべきか

「在庫補充システム」は、配送拠点における在庫の量を適正に維持するしくみです。

出荷は顧客の注文に応じた結果であり、コントロールすることはできません。ですから、管理の対象は、**配送拠点にいくつ「入荷させるか」**ということになります。つまり、**出荷に応じて適正に「発注」すればよい**ということです。

配送拠点では、在庫はすでに生産されて工場倉庫等にあるという前提で発注を行なうことができます。そこが、工場倉庫と異なる点です。工場倉庫では、在庫が足りない場合、生産しなければ在庫を手に入れることはできません。

このように、配送拠点と工場倉庫では前提が異なるので、それぞれ別の発注法を用いる必要があります。発注法とは、いまの出荷状況から見て、どれだけの在庫を用意しておくべきかを計算するしくみです。

 在庫補充システムの種類

配送拠点では、在庫はすでにあることが前提になるので、売上の変化に応じて柔軟に対応できる補充の方法を採用することが望ましいといえます。これに対応できるのが、**「不定期不定量発注法」**です。これは、必要なときに、必要な量だけ、在庫を調達する発注法です。発注時期が決まっていないので「不定期」、発注量は出荷に応じて変化するので「不定量」発注法というわけです。

工場倉庫では、この方法を採用することはできませんから、**「定期不定量発注法」**を採用します。生産サイクルが週次ならば「1週

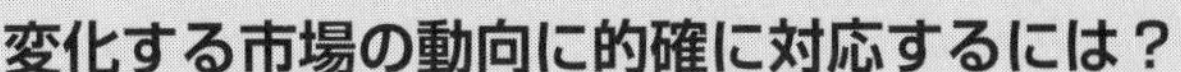

変化する市場の動向に的確に対応するには？

↓

出荷はコントロールできない

↓

適切に発注（補充）し、
適切な在庫量を維持することが必要

…（在庫はすでにあることが前提）
不定期不定量発注法を適用

…（在庫はつくり出す必要がある）
定期不定量発注法を適用

間に１回」、生産サイクルが月次ならば「月に１回」発注するしくみです。発注時期が限られるので「定期」、発注量は出荷に応じて変化するので「不定量」の発注方法ということになります。

3-5 配送拠点の在庫補充はどうするか

「不定期不定量発注法」とは

前項で説明したように、配送拠点では「**不定期不定量発注法**」という在庫補充システムを採用します。ここでは、その内容を簡単に紹介しておきましょう。

発注量の計算式は、**"日数換算" したデータを用いる**という特徴があります。それは、売上の変化に対応しながら必要量を計算するためです。

計算に必要な項目は、**①1日あたりの平均出荷量、②現時点の在庫量、③発注してから納品されるまでの期間（リードタイム）、④**

◎発注のタイミングと発注量のシミュレーション◎

Q 下記のような出荷状況の場合、何日に何個発注をすべきか？
この商品のリードタイムは2日、在庫日数は3日である。

日	1	2	3	4
出荷量		100	100	100
在庫量	500	400	300	200
補充量				
平均出荷量	100	100	100	100
出荷対応日数	5	4	3	2
発注残				
発注残＋在庫量	500	400	300	200
発注残を含む出荷対応日数	**5**	**4**	**3**	**2**
発注				300

A 9日目に「発注残＋在庫量」がリードタイム日数2日を割り込
発注量はその日の平均出荷量の3倍（105×3）で315個

在庫日数、の4つです。計算式自体は驚くほどシンプルです。

在庫補充の計算はどうするか

①の1日あたりの平均出荷量は、一定の期間について移動平均で計算します。5日間の平均出荷量を計算するのなら、今日から過去5日間、明日には明日から数えて過去5日間というように計算する期間を移動させるのです。出荷の変化を計算に読み込むためです。

②の在庫量は、現時点の在庫量を①で割ることで、「出荷量からみて、いまある在庫は何日分に相当するか」を表わす数値に変わります。たとえば、50個の在庫があって、平均出荷量が10個ならば「5日分」ですが、平均出荷量が5個ならば「10日分」となります。この数値は、「**出荷対応日数**」とも呼ばれます。

③のリードタイムは発注点、つまり、発注しないと欠品してしまうタイミングです。リードタイムが「2日」であれば、出荷によって在庫が減り、出荷対応日数が「2日」になったときが発注点です。

④の在庫日数は発注量です。在庫日数は各社で設定してよい数値です。5日分とした場合、1日あたり平均出荷量に5を乗じた数量が発注量になります。左に練習問題を載せておきます。

5	6	7	8	9
100	100			130
100	300	300	300	170
	300			
100	100	100	100	105
1	3	3	3	1.6
300				
400	300	300	300	170
4	**3**	**3**	**3**	**1.62**

んでいるので発注する。

工場倉庫の在庫補充はどうするか

「定期不定量発注法」とは

工場倉庫の在庫補充は、「**定期不定量発注法**」で行ないます。前項で紹介した方法と同様に日数換算した数値を使いますが、発注時期が「定期」、つまり限定されてしまうため、若干、方法が異なります。

右ページの図を見ると、発注時期が限定されることによって、発注の柔軟度が下がっていることが理解できるでしょう。

不定期不定量発注法は、いわば「日次発注」です。日単位で変化に対応する方法です。月次生産の工場では「月次発注」、つまり月単位でしか変化に対応できないということです。

いま、多くのメーカーが在庫削減のために、**生産サイクルの短縮**に取り組んでいます。月次から週次、週次を達成したら日次で修正をかけられるように取組みが進んでいます。

在庫補充の計算はどうするか

不定期不定量発注法では、補充が必要になったとき、即座に発注を行なうことができますが、工場倉庫ではそれができないため、「**予測」が必要**になります。週次生産の工場であれば、これから先の1週間でいくつ在庫が必要かを予測し、それを発注するということです。

計算に必要な項目は、①**1日あたりの平均出荷量**、②**現時点の在庫量**、③**在庫日数**、の3つです。

③の在庫日数は、生産サイクルから決まります。週次生産の工場ならば、当然「1週間分」の在庫をもたねばなりません。「1日あたり平均出荷量」に稼働日数を乗じて「1週間分」の個数を求めま

◎定期不定量発注と不定期不定量発注のしくみ◎

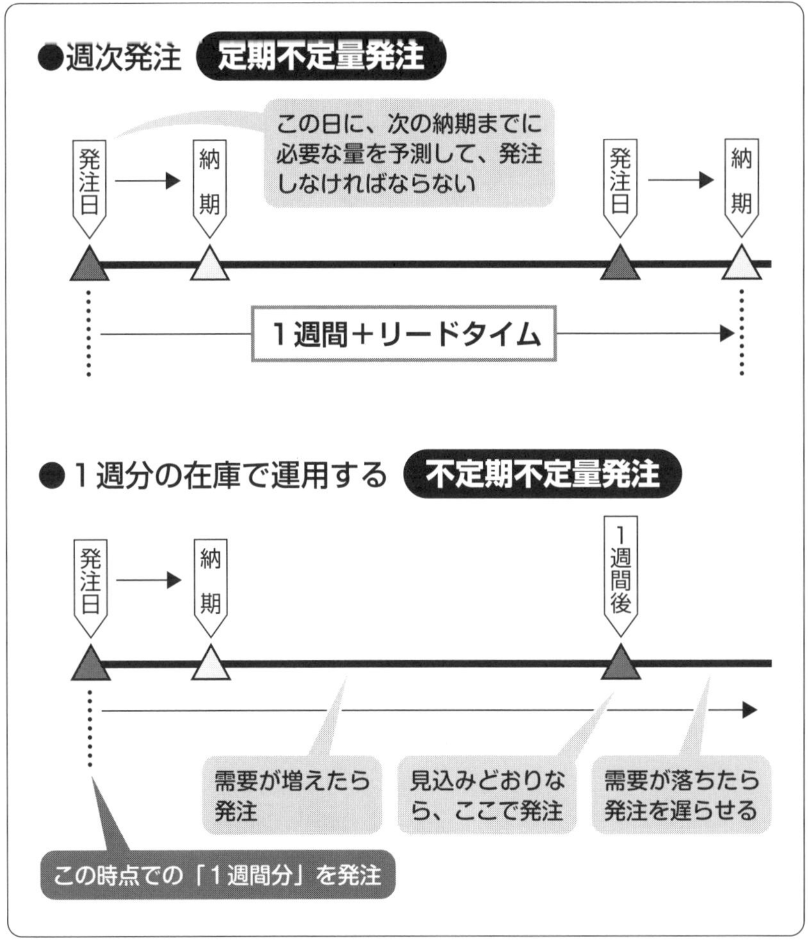

す。これに、見込まれる変化を織り込んで発注します。

単純にいえば、補充の前には在庫はゼロになり、1週間分の在庫が補充されるしくみです。

予測が確実にあたるならば、この計算を繰り返すだけでよいのですが、正確な予測は困難です。以前に立てた予測がはずれていたら、在庫が余っているかもしれないし、欠品しているかもしれないので、②の在庫量を常に確認し、必要量を計算します。

3-7 在庫の配置はどのように行なうか

 在庫はなるべく動かさないこと

「**在庫の配置**」とは、どの拠点にどの在庫を置くかということです。工場倉庫の在庫の配置は簡単です。工場で生産されたものを、すべて持っておくべき場所だからです。

配送拠点への在庫の配置を考えるときに、ポイントが1つあります。それは「なるべく動かさない」ということです。在庫を動かせばコストがかかります。また、結果としてムダな動きになってしまう可能性もあります。ですから、在庫はなるべく工場倉庫に置いておくようにするわけです。

どうしても配送拠点に置いておかなければ、顧客からの注文に応えられないという商品だけを、配送拠点に在庫するのです。その意味で、複数の配送拠点がある場合、在庫の内容や量は同一である必要はありません。出荷量に応じて、決定していきます。

 配送拠点の在庫アイテムを検討する

右ページの図は、あるメーカーの配送拠点の在庫実態を表わしています。横軸は出荷日数、縦軸は出荷対応日数です。プロットされている点はそれぞれ1つの商品を表わしています。

ほとんど出荷されない商品がたくさんあり、出荷対応日数が100日に達するような商品もあります。動きの悪い在庫で配送拠点がいっぱいになっていることが想像されます。

改善策として、ほとんど出荷されない商品を工場倉庫に引き上げるという方法があります。出荷対応日数が一定以上の日数に達している商品も、工場倉庫に引き上げます。これで、配送拠点は配送のための拠点となり、本来の役割を果たせることになります。

◎あるメーカーの配送拠点の在庫実態◎

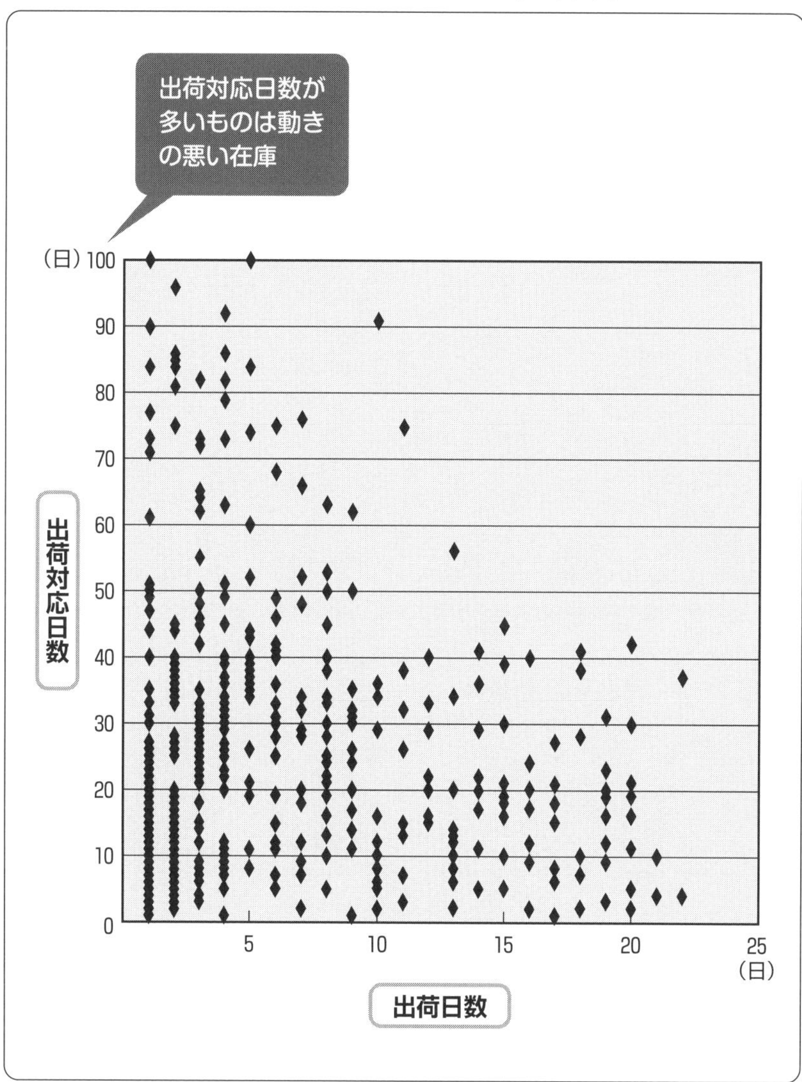

（※）上記グラフの作成に必要なデータ

●出荷日数：アイテムごとの月間で出荷があった日数

●月間出荷量：アイテムごとの月間出荷量の合計

●月末在庫量：アイテムごとの月末在庫量

これらを使って、アイテムごとに次のように計算します。

月間出荷量÷出荷日数＝１日あたり平均出荷量

月末在庫量÷１日あたり平均出荷量＝出荷対応日数

在庫が適正配置されれば物流はどうなるか

 「在庫の偏在」とは

すべての拠点に在庫が適正配置されれば、ムダのない物流が可能になります。でも、この説明ではどんなムダがなくなるのかわかりにくいので、在庫が適正配置されていない場合、どんなムダが起こるのかを説明することにしましょう。

多くの会社は、在庫が置かれている拠点を複数もっています。そこで在庫が適正配置されていないと、「**在庫の偏在**」が起こります。

在庫の偏在とは、ある拠点では欠品しているのに、他の拠点では同じ商品の在庫が過剰にあるという事態です。これが発端となって、困った事態を引き起こします。

 在庫が社内を動き回る

たとえば、在庫を保管するＡ拠点とＢ拠点がある場合に、Ｂ拠点で欠品が発生したとします。Ｂ拠点は欠品のままでは困りますから、社内の在庫を探します。すると、Ａ拠点に在庫が余っているというので、Ａ拠点に在庫を融通してもらうよう頼みます。

まず、ここでムダが発生しています。社内で**在庫を探す**という仕事は、在庫管理がしっかりなされていれば、やらなくてすむ仕事です。人件費がムダに費やされています。

Ａ拠点からＢ拠点に在庫を送るためには、**作業と輸送のコスト**がかかります。これも、ムダなコストです。そもそも必要量がきちんとＢ拠点に送り込まれていれば、発生しなかった物流活動だからです。

配送拠点を転々としたあげくに、何年も滞留している在庫もあります。多くのコストをかけたにもかかわらず、売上に結びつかなか

◎在庫が偏在しているとこんなにムダが生じる◎

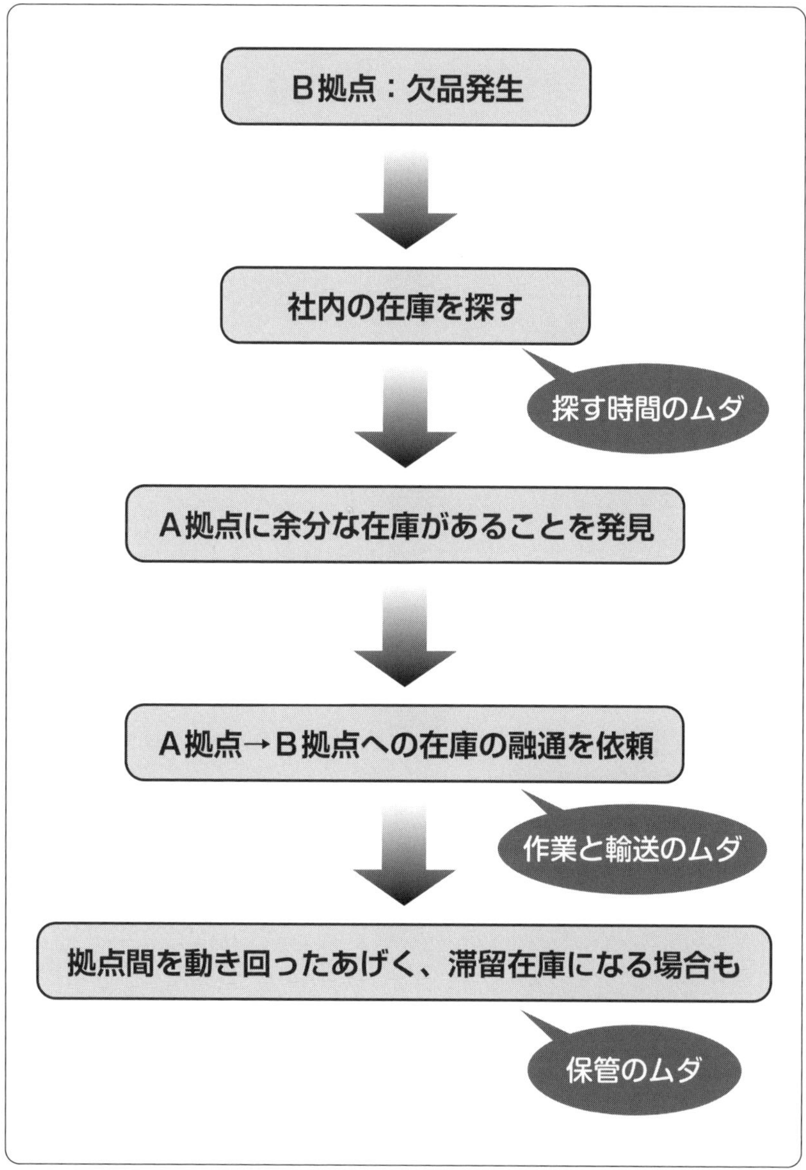
B拠点：欠品発生
社内の在庫を探す
探す時間のムダ
A拠点に余分な在庫があることを発見
A拠点→B拠点への在庫の融通を依頼
作業と輸送のムダ
拠点間を動き回ったあげく、滞留在庫になる場合も
保管のムダ

ったのです。在庫が適正配置されれば、このようなムダがなくなるわけです。

3-9 今後の取組み課題は「ロジスティクス」

 メーカーにとって必須のマネジメント

物流システムは、市場の動きに同期化させて物流を行なうしくみですが、これを工場における「つくり方」にまで範囲を広げたマネジメントが「**ロジスティクス**」です。

ロジスティクスが動いていれば、製造から顧客納品までの「供給活動」がムダなく動くことになります。メーカーとしては、ぜひ導入したいマネジメントです。

そこで、この項以降では、ロジスティクスとは何か、ロジスティクスと物流との違いは何か、等について検討したいと思います。

 ロジスティクスはもともと軍事用語だった

ロジスティクスという言葉は、もともとは軍事の世界で使われていました。**戦略**や**戦術**などもそうですが、軍事で使われていた概念がビジネスの世界で使われるようになったのです。ですから、当初は、軍事のロジスティクスと区別する意味で「**ビジネス・ロジスティクス**」という言い方もされていました。

いまは、ビジネスの世界でもロジスティクスと一言で使われていますが、これを日本語に訳すと「**兵站**」(へいたん) となります。ちなみに、この「兵站」を広辞苑で引くと「作戦軍のために、後方にあって連絡・交通を確保し、車両・軍需品の前送・補給・修理などに任ずる機関・任務」とあります。

端的にいえば、「前線の戦闘部隊が戦争を行なうためのあらゆる支援を行なうこと」となります。兵器、弾薬、飲料、食料、衣類、医薬品など戦争に必要な物資を準備し、確保し、補給する活動はもちろん、作戦に必要な施設などの設営、撤去、搬送なども重要な業

◎「ロジスティクス」とは◎

務になります。

この兵站つまりロジスティクスが完璧にできなければ、戦闘力において大きなマイナスになります。その意味から、軍事理論においてはロジスティクスを、戦略、戦術と並ぶ三大要素と位置づける見解もあるくらいです。ロジスティクスは、もともと、このような意味をもっていたのです。

3-10 軍事のロジスティクスの特徴を知っておく

 営業活動を全面的に支援する

軍事のロジスティクスについて概略を説明しましたが、その意味するところは、ビジネスの世界でも同じです。企業における前線の部隊は「営業」です。武器で敵と戦っているわけではありませんが、顧客からの受注をめぐってライバル会社と熾烈に争っていることは事実です。

この**市場での営業の戦いを全面的に支援する**という役割を担うのがロジスティクスなのです。もちろん、営業のために施設を設営したり、撤去したりすることはありませんが、営業が必要とするところに必要とする商品を在庫として準備し、適宜補充することで営業活動を支援することになります。

こういうと、そんな支援なら、すでにやっていると反論されそうですが、実はできていません。ここで、もう少しロジスティクスのイメージを固めていただくため、軍事のロジスティクスについて追加の説明をしたいと思います。

 戦略はロジスティクスに従う

軍事のロジスティクスは、ローマ時代から1991年の湾岸戦争（隣国クウェートに侵攻し全土を支配したイラクに対し、米国を中心とする多国籍軍が攻撃した戦争）くらいまで、同じようなやり方をしていました。どういうやり方かというと、開戦の前に後方に膨大な軍需物資を集積し、戦闘部隊の前進に合わせてそれらの物資を移動させるという方式です。

この方式ですと、当然のことながら、戦闘部隊の前進は集積した物資を移動させる速度に制約されてしまいます。つまり、物資が追

◎伝統的な軍事ロジスティクスの手法◎

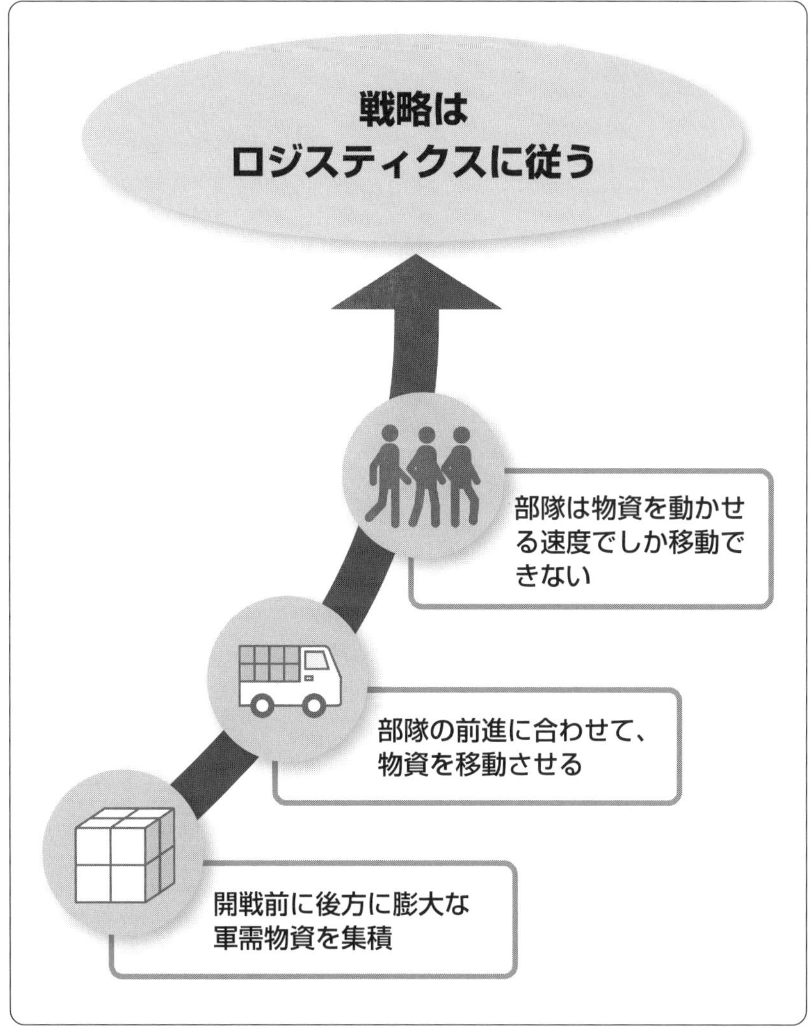
戦略は
ロジスティクスに従う
部隊は物資を動かせる速度でしか移動できない
部隊の前進に合わせて、物資を移動させる
開戦前に後方に膨大な軍需物資を集積

いつく程度の距離しか先に進めないということです。

それでも、軍需物資がなければ戦闘に勝てないわけですから、その制約を前提に作戦を立てることになります。かつて「戦略はロジスティクスに従う」といわれていましたが、それは、このような事情によるのです。

3-11 軍事のロジスティクスは変化している

軍事において、ロジスティクスが重要なことはいうまでもありません。ロジスティクスが弱ければ、間違いなく戦争には勝てません。ロジスティクスが弱体化して、あるいはロジスティクス不在で戦争に負けた事例は、過去にも枚挙にいとまがないほど存在します。

ただ、軍事におけるロジスティクスは、明らかに変わってきています。その方向性は、文字どおり「**ＪＩＴ**」（**ジャスト・イン・タイム**）の補給の実現ということです。

軍事でも効率性が重視される

大量の軍需物資を戦闘部隊とともに移動させるというやり方は、実はさまざまなムダを生みます。戦闘部隊が素早く展開できないという作戦上のネックもありますが、それ以上にロジスティクスにおいてムダが多発します。

まず、欠品をすると、兵士の生死にかかわるため、事前に用意して移動させる物資は、常に多めになります。また、それを準備するために長い期間がかかります。戦争を想定し、あらかじめ備蓄しておくことも必要になります。

さらに、戦闘が長引けば、**軍需物資の補給**が必要になります。前線部隊が多様に展開している場合、どこに何を補給すればいいのかという点で適切な判断ができない事態が生まれます。その結果、必要とするところに必要なものが届かないというムダが発生します。

ＪＩＴの方式に転換

問題はまだまだあるでしょうが、いずれにしろ、これまでのやり方は見直され、新しい方式が展開されつつあります。

新しいやり方というのは、これまでの「大量に集積し、移動させ

◎軍事ロジスティクスは集積からＪＩＴへ変化する◎

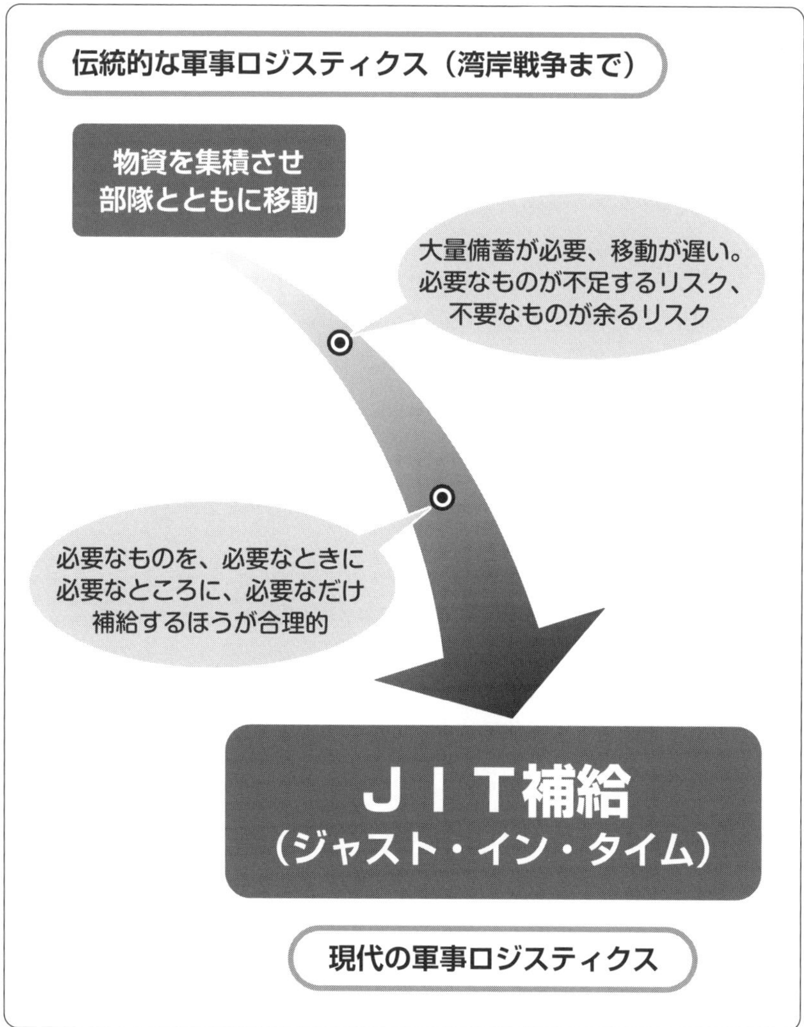

伝統的な軍事ロジスティクス（湾岸戦争まで）
物資を集積させ
部隊とともに移動
大量備蓄が必要、移動が遅い。
必要なものが不足するリスク、
不要なものが余るリスク
必要なものを、必要なときに
必要なところに、必要なだけ
補給するほうが合理的
ＪＩＴ補給
（ジャスト・イン・タイム）
現代の軍事ロジスティクス

る」という考え方から脱却したものです。つまり、戦闘部隊には短期間の必要量しか持たせずに、必要なときに**必要なものを必要なだけ補給してやる**という考え方です。

さあ、このあたりから、現代の企業活動に通じる話が出てきます。もう少し、軍事のロジスティクスをみてみましょう。

3-12 ロジスティクスを動かす3つの要素

軍事の世界では、なぜこのような転換が起こったのでしょうか。その理由は明らかです。この点は、企業の世界でもまったく同じですので、以下の話を参考にしてください。

 必要な物資を間違いなく補給する

1991年の湾岸戦争のときは、２か月分もの物資を開戦前に準備したそうですが、2003年に起こったイラク戦争のときには、１週間分程度の軍需物資しか持たずに進軍したといわれます。

このような軽装備ならば、戦闘部隊は高速移動が可能になります。多様な作戦の展開ができるようになります。長い時を経て、ようやく、**戦略はロジスティクスから解放された**わけです。

ただし、この状況においては、絶対に欠くことができないことがあります。それは、**必要な物資は必要な時に間違いなく補給されるというロジスティクスができあがっている**ことです。

そのようなロジスティクスを可能にしたのが、**軍事衛星を使った通信網の発展**でした。前線に展開する各部隊とロジスティクス部隊とが通信で結ばれていれば、どの部隊が何を必要としているかの情報は容易に把握できます。この情報が取れれば、あとはその物資を届ければいいだけです。

 ロジスティクスの生命線

この例でも明らかなように、ロジスティクスの生命線は、現場で必要とされている物資についての情報をタイミングよく把握できることにあります。同時に、必要な物資を確実に調達でき、届けることができることです。

以上から、ロジスティクスは以下の３つの要素から成り立つとい

◎ロジスティクスの３要素◎

軍事衛星通信網により可能に

情報の把握

- 必要とされているものは何か
- どこで使うか
- どれだけ必要か

物資の調達

- 必要なものを、必要なだけそろえる

物　流

- 必要なときに、必要なところに届ける

えます。

①必要とされている物資の情報の把握ができること
②必要な物資の適宜な調達ができること
③物流ができること

この軍事のロジスティクスの考え方は、当然、企業でも同じです。市場が必要とするものを、必要なだけ届けるということです。

3-13 情報の把握からスタートすることが最優先

 ニーズに合わない物流は膨大なムダを生む

軍事においても、衛星を使ったリアルタイムでの情報のやりとりができなかった頃は、各地に展開する戦闘部隊への補給は適宜適切にとはいきませんでした。

情報を把握するために時間がかかったり、適切に情報が把握できなかった場合には、各地の戦闘部隊のニーズと合わない物資が送られるということがたびたび起こりました。ニーズに合わない物資は廃棄されることになり、結果として膨大なムダを生むことになります。これは企業においても同じです。

 企業においても情報把握が遅れている

企業のロジスティクスにおいては、前線のニーズは、顧客納品のために保持する各地の物流拠点の在庫に現われます。顧客からの発注により在庫が減るわけです。各地の物流拠点の在庫の減り具合を適宜把握し、タイミングよく必要量を補充するためには、日々の出荷に関する情報を即時に把握できることが前提になります。

この情報が把握できなかったり、把握できても時間的に遅れる場合には、もちろん適宜適量の補充を行なうことはできません。企業における実態はどうかというと、この情報が得られていない企業が少なくないというのが現実です。そのため、物流拠点への在庫補充は見込みで行なわれていますが、多くの場合、欠品の発生を恐れて、**常に多めの在庫補充が行なわれている**というのが実態です。

 情報把握が最優先の課題

その結果、配送拠点に送り込まれた在庫の品目や量が各地のニー

◎情報の把握がロジスティクスの生命線◎

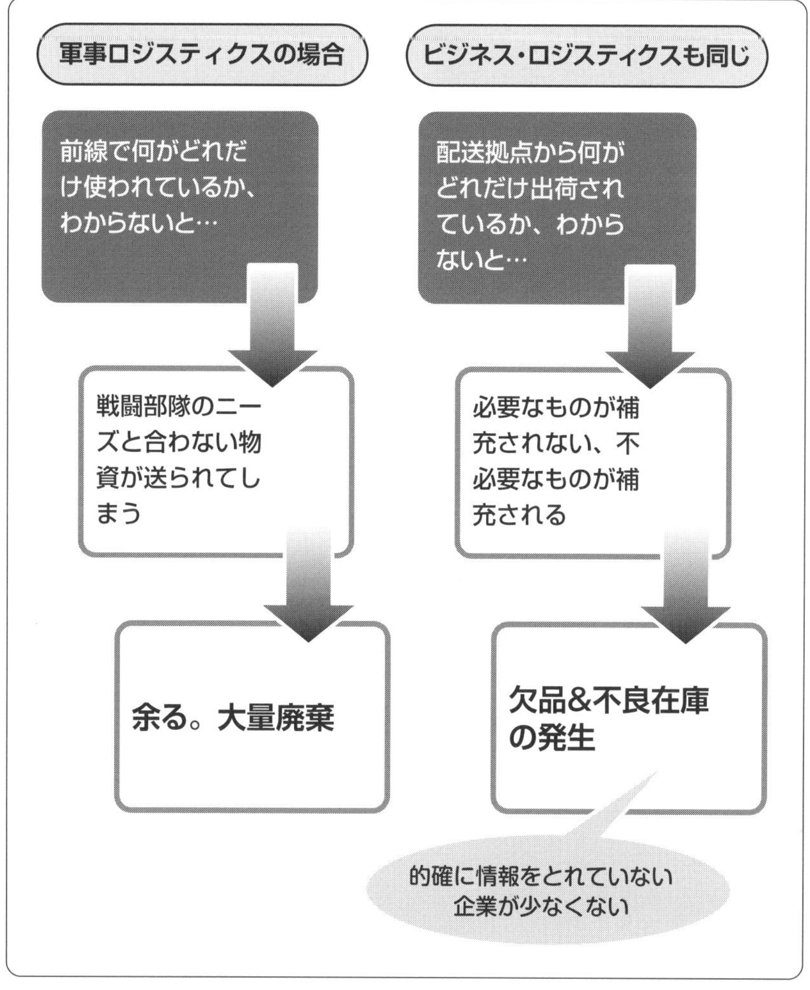

ズと合致しないことにより、在庫が滞留化、過剰化するということが日常的に起こっています。また皮肉にも、在庫はたくさんあるが、必要なものがないという事態も発生しています。

その原因は、すべて、情報がリアルタイムに得られないということから起こっているのです。前線のニーズに関する情報を素早く得ることが最優先の課題だと認識してください。

ニーズに合わせて在庫を確保する

前線のニーズに関する情報の把握ができたら、ロジスティクスにおいて次にすることは、ニーズに合致した在庫の手配、調達です。ニーズに同期化させて在庫を確保できることが、ロジスティクスには不可欠です。ニーズが把握できても、それらの在庫が確保できていなければ届けることはできないからです。

 在庫管理体制を整備する

企業において重要なことは、生産や仕入活動との連携です。ニーズがわかってから生産や仕入れを行ない、それから届けても間に合うなら、いわゆる受注生産や受注仕入れをすればよいのですが、多くの場合そうはいきません。

そこで、ニーズを見越して在庫を準備することが必要になります。つまり、各在庫アイテムの日々の動きをリアルタイムにとらえ、生産や仕入れに必要なリードタイムを前提に、生産依頼や仕入発注を行なうことが必要になります。そのような在庫管理体制を整えることが欠かせません。

 前線の情報に従属して生産や仕入れを行なう

生産や仕入活動は、自分たちの都合を優先して行なってはいけないということです。たとえば、まとめてつくったり仕入れたりすれば安くなるという理由で、前線のニーズとは無縁の活動をすることは許されません。**必要とされているものを必要とされるときに必要とされる量をつくる、仕入れる**という活動が要求されるわけです。

これまでは、前線のニーズが適宜に把握できていなかったこともあり、多くの企業で生産や仕入部門の都合が優先される形で活動が行なわれてきました。しかし、そのような活動は、情報不在のなか

◎ロジスティクスにおける在庫管理◎

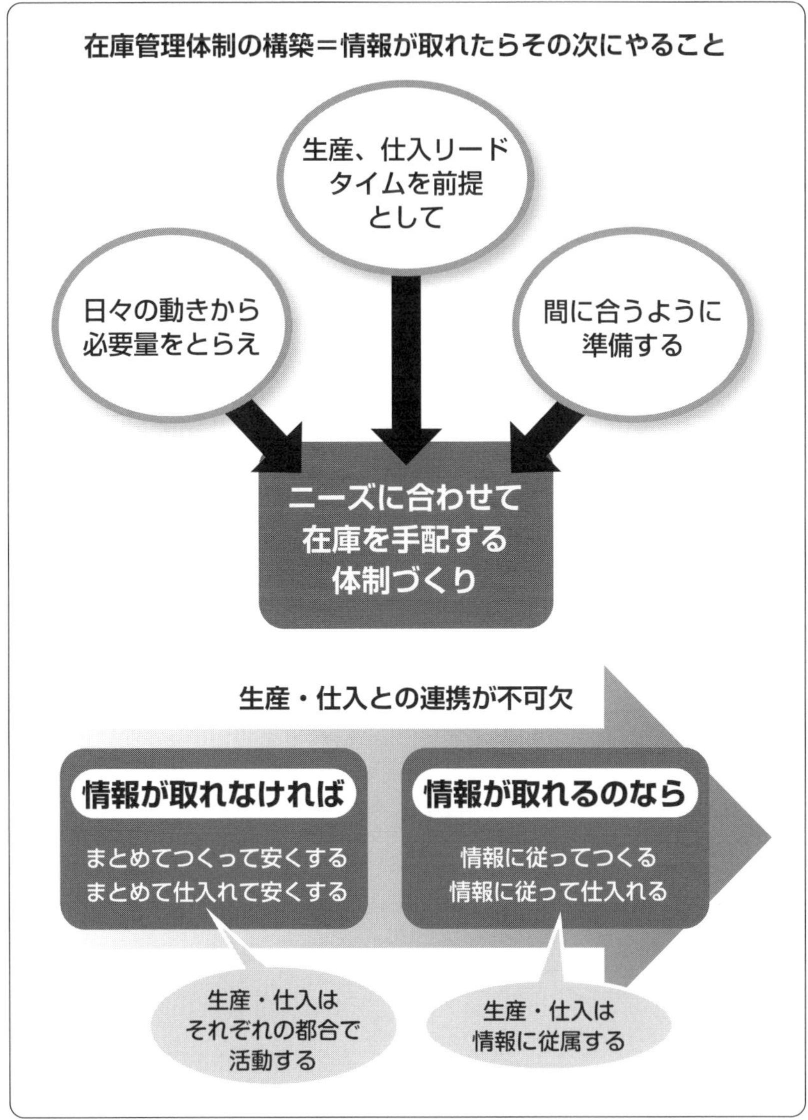
在庫管理体制の構築＝情報が取れたらその次にやること
生産、仕入リードタイムを前提として
日々の動きから必要量をとらえ
間に合うように準備する
ニーズに合わせて在庫を手配する体制づくり
生産・仕入との連携が不可欠
情報が取れなければ
まとめてつくって安くする
まとめて仕入れて安くする
情報が取れるのなら
情報に従ってつくる
情報に従って仕入れる
生産・仕入はそれぞれの都合で活動する
生産・仕入は情報に従属する

で許されてきたことであり、前線の情報が適宜に把握できるようになったら、その情報に従属して活動すべきことはいうまでもありません。

3-15 ロジスティクスが物流を意味あるものにする

前線で何が必要とされているかがわかり、その必要な在庫が準備されているとなったところで、物流が登場します。届けるという活動です。

 本来の物流の役割

物流は本来、「必要なときに必要なものを必要なところに必要なだけ届けるための活動」です。必要とされていないものを保管したり移動しても、見かけの活動は物流ですが、それは意味のない活動です。**ロジスティクスは、物流を意味ある活動にする**わけです。

ロジスティクスが稼働していない場合、在庫の配置や補充は、すべて見込みで行なわれることになります。その補充輸送を実際に行なうのは物流です。つまりこれまでは、**本来必要とされていないものまで物流を行なっていた**のです。

いうまでもなく、それらの活動に要したコストはすべてムダです。ロジスティクスを導入することで、それら不要な物流に関するコストはすべて排除されます。物流にとってきわめて好ましい状況ができあがります。

 販売動向に同期化した供給活動の実現

ロジスティクスは、このように、①**必要とされている物資の情報の把握ができること**、②**必要な物資の適宜な調達ができること**、③**物流ができること**、という３つの要素がそろうことで可能になります。

これら３要素のどれを欠いてもロジスティクスは動きません。このようなロジスティクスを動かすことで、企業は、自身の供給活動を最適な状態に保つことができます。前線のニーズ、つまり市場に

◎ロジスティクスの稼働で意味のない物流がなくなる◎

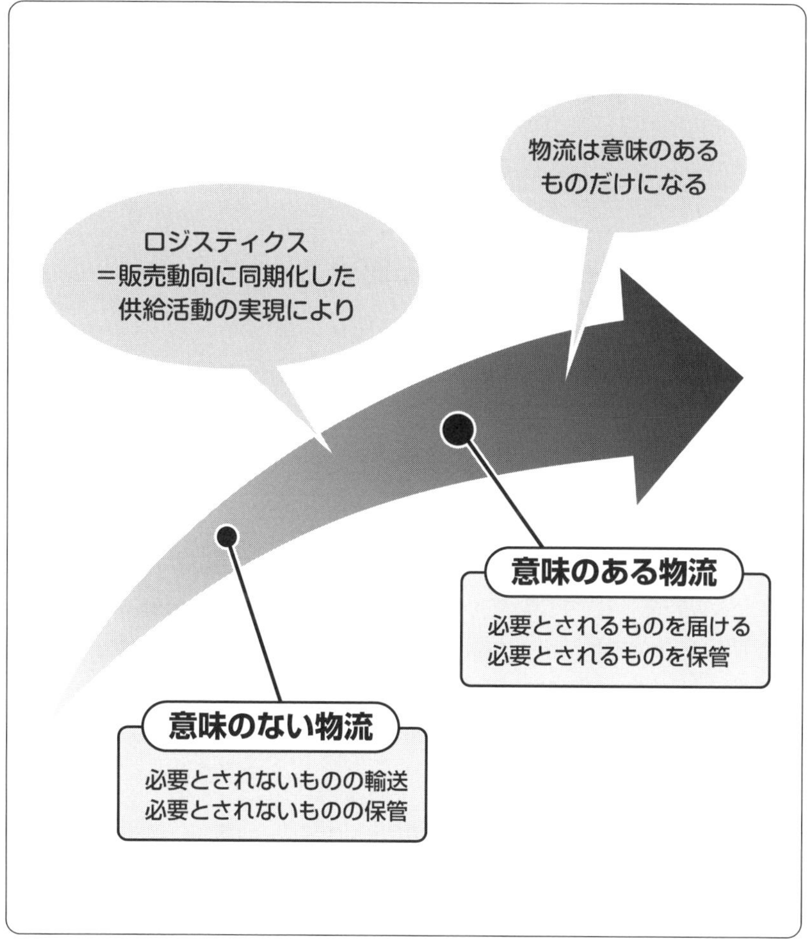

おける販売動向に同期化して供給を行なうことができるようになるのです。

ロジスティクスと物流のこのような関係を理解しておくことは、きわめて重要です。物流は、そもそも販売動向に同期化して動くものだからです。ロジスティクスによって、それが可能になるということです。

3-16 ロジスティクスはどのように動くか

ここで、ロジスティクスの現実的なしくみについて整理してみたいと思います。メーカーを例にお話ししましょう。

 ロジスティクスに関わる施設

企業における自社製品の最終到達地は、顧客やユーザーです。顧客やユーザーから注文が入ったものを、最寄りの配送拠点の在庫から出荷します。これで販売が成立し、売上が立ちます。

顧客やユーザーに出荷することで、減少した在庫は補充が必要です。この補充は、工場倉庫や在庫を集中して持っている中央物流拠点から行なわれます。つまり、メーカーにおいて物流拠点は、一般的には、配送を目的として市場に置かれた複数の物流拠点（**配送拠点**）とそれらの物流拠点に在庫を補充するための工場倉庫や中央物流拠点（**在庫拠点**）という２つのタイプの拠点に区分されます。そして、**在庫を生み出す工場**があるわけです。

メーカーにおける供給活動のための施設は、このように配送拠点、在庫拠点、工場に分けられます。

 補充の連鎖を動かす

さて、ロジスティクスはこれらの施設を舞台にして動きます。簡単にいえば、顧客やユーザーへの出荷により減少した配送拠点の在庫を在庫拠点から補充輸送し、補充により減少した在庫拠点の在庫を補充生産するという循環が繰り返されるということです。

つまり、顧客やユーザーからの注文を起動情報として、補充輸送、補充生産が行なわれるわけです。そのため、ロジスティクスは「**補充の連鎖**」と称されることもあります。

言葉にするとこれだけのことですが、それまでは、在庫補充は営

◎メーカーのロジスティクス◎

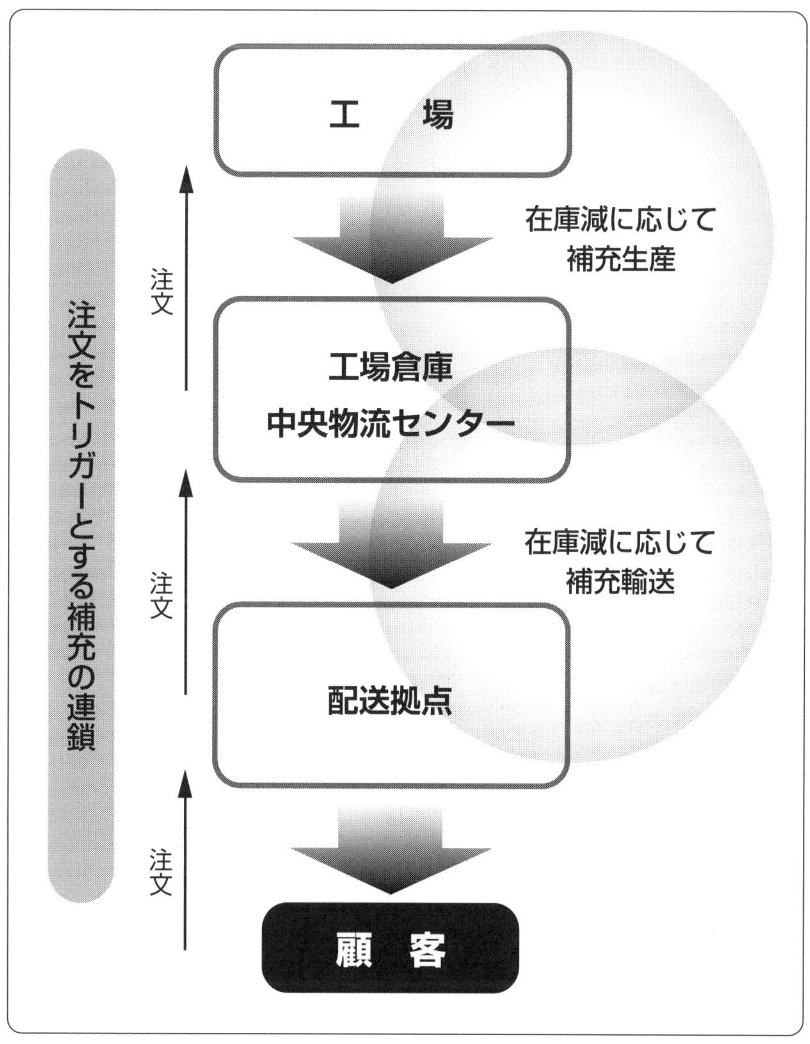

業部門が行なっていた、生産は生産効率優先で行なっていたということもあり、この補充の連鎖は動いていませんでした。

その意味で、ロジスティクスは、顧客やユーザーの注文に従属して動き、営業や生産部門の利害や都合にもとづく行動を規制するという点に大きな特徴があるといえます。

Coffee Break ❸

物流センターは情報の宝庫

どの商品がいつどれだけ調達されたか、これが、どの顧客からどのような注文を受けて売れていったか、販売と調達のギャップである在庫の量はどのように推移しているのか——すべての原データが、「物流センター」にはあります。でも、データはデータのまま眠っているうちは、何の価値も発揮しません。ある狙いをもって加工することで、データは情報になります。物流センターでは、物流業務を確実・効率的に遂行する目的でデータ加工を行ないますが、これだけではもったいないといえます。

物流センターのデータのなかで特に活用されていないのが「顧客の注文」のデータです。それぞれの顧客が１日に何件注文をくれるか、注文１件あたり個数や単価はどのくらいか、バラ注文の多い顧客はどこか、出荷にあたり特別な作業をしなければならなかったり、返品が頻繁だったりする「手間のかかる顧客」はどれか、これらの手間や運賃で、どれだけのコストがかかっているのか…。

これらの情報は、顧客管理、収益管理において興味深い情報のはず。分析してみると、売上上位の顧客が物流コストを差し引くと利益が残らないとか、売れば売るほど赤字になるという事実が明らかになることさえあります（分析技法については４章で解説します）。

顧客別の収益の分析は、営業部門や管理本部の仕事と思うかもしれませんが、重要なのは、これらの部門は分析のためのデータをもっていないということです。彼らが把握しているのは、売上金額や粗利金額であり、注文件数や、バラかケースか、運賃といったところには関心がないのです。

物流センターには、企業の供給活動をよくするための「情報の原石」がたくさん眠っています。物流担当者には、これを掘り起して磨き上げ、有用な経営情報として発信しようとする野心をもってほしいと思います。

4章

管理に使える
物流コストのつかみ方と
改善方法

Physical Distribution
&
Logistics

執筆◎内田 明美子

4-1 大切なのはコストと物流活動の因果関係をつかむこと

「単価」×「処理量」の形でコストをつかむ

物流コスト管理の目的は、「**コストを下げる（抑える）**」ということにほかなりません。ここで重要になるのは、企業活動のなかで物流がどのように使われており、その結果としてコストがどう発生しているのか、因果関係がわかるようにつかむということです。

因果関係がわかるつかみ方とは、たとえば以下のようなことです。

- 工場から物流センターへ商品を移動させるのに、1トンあたりいくらかかるか。これを月に何トン移動しているか。
- 物流センターからの出荷は、ケース単位の注文の場合、1ケースいくらかかるか、バラ注文で梱包して出したらどうか。ケース注文で何ケース、バラ注文で何個出ているか。
- 顧客への配送は、貸切便利用・東京都内向けで1ケースあたりいくらかかるか、路線便利用の場合、他のエリア向けではどうか。それぞれ何ケースずつ配送しているか。

上記の例で、「何トン移動しているか」「ケースとバラでどれだけずつ」といった数字のことを、物流コスト管理では「**処理量**」と呼びます。これは、物流の活動量を数字でつかむものです。1トンあたり、1ケースあたりのコストは、実際にかかったコストを処理量で割って求めた「**平均単価**」です。

「処理量」が増えたのか、単価が上がったのか

「単価」×「処理量」の形でコストをつかむことによってはじめて、どれだけの物流活動を行なった結果として、どれだけのコスト

◎コストデータだけでは、削減の糸口はわからない◎

【物流費】

社員人件費	1,200,000円
パート人件費	4,500,000円
倉庫賃借料	2,000,000円
段ボール	489,000円
…………	

因果関係が示されると、削減策が見えてくる！

【物流費】

バラピッキング	1.2円／個×920,000件＝1,104,000円
梱包	58円／件× 48,600件＝2,818,800円
値札貼り	8.4円／枚×182,000件＝1,528,800円
返品	258円／件× 3,850件＝ 993,300円
…………	

単価を下げられないか？　量は減らせないか？

がかかったのかという因果関係が見えるようになります。物流コストが上がった場合に、どの活動のコストがどれだけ上がったかをつかみ、その原因は処理量が増えたのか、単価が上がったのかを切り分けることも可能になります。

処理量の増加が、企業の売上増加の結果であれば問題ありませんが、そうでない場合は、「なくす」「減らす」対策を考えなければなりません。単価が上がっている場合は、活動の効率を上げることでその上昇を抑えられないか、検討することになります。

このように、「**物流コストを使って物流活動を管理する**」ということが肝要であり、これができるようにコストをつかまなければ意味がないわけです。

4-2 全社物流コストのつかみ方

 物流活動は領域別、機能別に区分する

全社の物流コストを管理に使える「単価」×「処理量」の形でつかむ場合に、課題となることが３つあります。１つは物流活動をどのように区分するか、２つめはその区分で「コスト」をどうつかむか、そして３つめはコストに対応する「処理量」をどうつかむかということです。

まず**物流活動の区分**について、最もオーソドックスなものとして、1977年に当時の運輸省が策定した「物流コスト算定統一基準」をみておきましょう。企業の供給活動を「調達」「社内」「販売」「返品」「廃棄」の５つの領域に分け、それぞれの領域のなかで行なわれる物流活動を「輸送」「包装」「荷役」「保管」「流通加工」「情報流通」「物流管理」の７つの機能に区分しています。

領域別にどの物流機能を使っているかという視点でみていけば、全社の物流活動がもれなく整理されます。言葉はやや古めかしいですが、物流活動の全体像を体系的にとらえるという意味で普遍性を持ち、現在も有効な区分方法です。

 コストは「委託物流費」と「自家物流費」を把握する

物流活動を区分できたら、そこで**かかっているコスト**を検討していくことになります。コストとしては、外部に支払う「委託物流費」のほかに、自社内のリソース（人やスペース）を使っている工場物流や管理業務等の「自家物流」のコストも、合わせて把握します。

支払形態別

委託物流費

自家物流費
材料費
人件費
用役費
維持費
一般経費
特別経費

コストの把握手順としては、中央の「領域別」から左側へ、どの領域のどの機能を算定対象とするかを決め、そこでかかっているコストをもれなく把握するという手順になります。

処理量は継続的に全数を把握しやすい形でとる

最後の**処理量**は「社内輸送トン数」「顧客配送ケース（cs）数」「顧客出荷件数」のように、領域別・機能別に区分した物流活動の活動量を数値でとらえるものです。それぞれの処理量をどの単位でとるかということについては、特に基準はありません。なるべく手間をかけずに、継続的に全数を把握できる値を選びます。

月間のコストを月間の処理量で割って平均単価を計算し、これを毎月蓄積していくことで、全社の物流コストを管理に使える形でとらえられるようになります。さらに、物流活動を「物流センター別」「顧客配送先のエリア別」というようにコストの発生場所別に区分し、これとセットで処理量をとって単価を出していけば、どこでどのようにコストが変化しているか、より詳細にみることができます。

◎管理に使える物流コスト計算の流れ◎

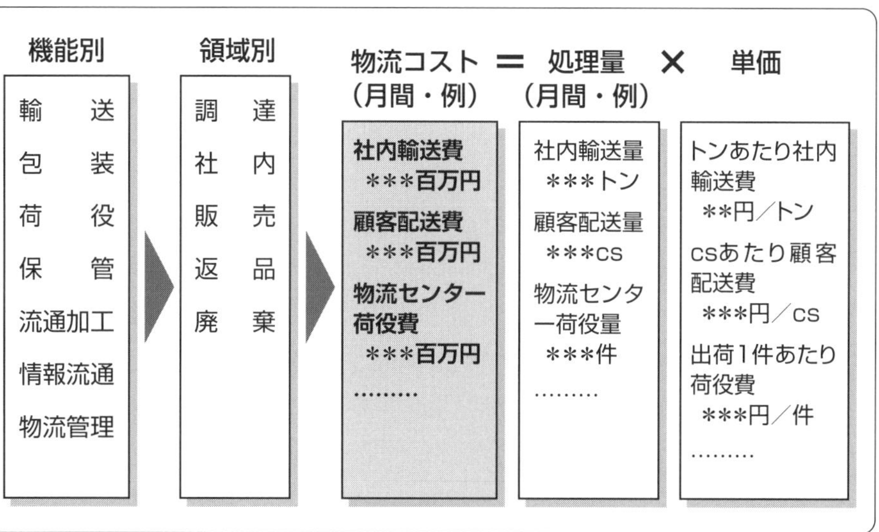

4-3 ムダのありかや改善余地を具体的につかめる「物流ＡＢＣ」

全社の物流活動と物流コストの全体像をつかむことは、その企業の物流管理において不可欠のことです。しかし、実際の物流活動の効率化や「ムダな処理量をなくす、減らすこと」に取り組むうえでは、「領域別機能別（＋場所別）の単価×処理量」は情報として十分とはいえません。取り組みの成果を見る結果指標としては有効ですが、改善のためにはやはりもう一歩踏み込んで、業務のムダのありかや改善余地が具体的に明らかにされた情報がほしくなります。

以下、そのための技法である「**物流ＡＢＣ**」について説明していきましょう。ＡＢＣは、「Activity-Based Costing」の頭文字をとったもので、「**活動基準原価計算**」と訳されます。

物流ＡＢＣでは、「**アクティビティ**」（活動）ごとにコストを把握します。アクティビティとは、たとえば物流センターならば、「入荷格納」「ピッキング（注文された商品を集める）」「梱包」といった、物流センターで実際に行なっている「作業」がこれにあたります。

どの作業をどれだけ行なったか、これに応じて物流コストが発生します。単価の高い作業が増えれば、物流コストは上がります。もちろん、売上が増え、物量が増えて、その結果として物流コストが上がるという因果関係もあります。それならば、コストが上がっても何ら問題はありません。しかし、「単価の高い作業が増えた」という場合には、「売上は上がっていないのに、物流コストは増えた」という、ややややっかいな状況が生まれます。

注文が細かくなるほどコストは上昇する

実際のところ、現在多くの企業がかかえている物流コスト問題は、後者の「**売上は伸びないが、物流コストは上がる**」という問題です。物流サービスのレベルが上がり、単価の高いアクティビティの処理

◎コストと物流活動の因果関係を検証してみよう◎

同じように1,000箱（＝バラ12,000個）売れても…

●全部ケースで出荷すれば

ピースピッキング	1.2円／個	×	0個	＝ 0円
ケースピッキング	4.4円／個	×	1,000箱	＝ 4,400円
				計 4,400円
			1箱あたり	4.4円

●半分はバラで出荷したら

ピースピッキング	1.2円／個	×	6,000個	＝ 7,200円
ケースピッキング	4.4円／個	×	500箱	＝ 2,200円
				計 9,400円
			1箱あたり	9.4円

ピッキング作業だけで5,000円のコスト増。
1箱あたりコストは2倍以上になる

が増えたり、新しいアクティビティが生まれたりしているわけです。

たとえば、商品をケース単位で出荷するアクティビティよりも、1個単位にばらして出荷するアクティビティのほうが単価は高いので、注文が細かくなって1個単位のバラ出荷が増えれば「高いアクティビティの処理量が増えた」ということになるわけです。

もちろん、トラックの運賃が値上げされたとか、人件費の相場が上がったといった理由で、同じアクティビティの単価そのものが上がるという現象もあります。

しかし、おそらくこれ以上に影響が大きいのは、「高いアクティビティの処理量が増えた」という変化なのです。**物流ＡＢＣによってこのあたりの実態が、すべて明らかになる**わけです。

「アクティビティ」「時間」「処理量」で物流活動の実態をとらえる

 アクティビティごとにコストをとらえる

物流ＡＢＣでは、**アクティビティ（作業）ごとに、「単価×処理量」という枠組みで**コストをとらえます。

物流ＡＢＣの技法解説としては、この「アクティビティ単価」の計算手順がメインになるわけですが、ここでは計算のなかで用いる「アクティビティごとの『時間』と『処理量』」の解説から入りたいと思います。

アクティビティごとの時間と処理量は、計算の根拠数字として必要になると同時に、これだけでも物流管理に役立つ内容をもつものだからです。

 アクティビティ、作業時間、処理量で作業実態をとらえる

右の図を見てください。入荷から出荷、返品まで、10個のアクティビティが並んでおり、それぞれに「○○分」という時間と「○○カートン」「○○行」といった処理量が記入されています。

10個のアクティビティは簡略化していますが、実際には、物流センターで行なっているすべてのアクティビティを整理して列挙します。ここではこれが、算定対象であるこの物流センターで行なっているすべてのアクティビティだと思ってください。「ドライ」は常温品、「チルド」は低温品という意味です。

最初の列の「作業時間」は、１日のなかでそれぞれのアクティビティを何分行なったかという数字で、合計値はその１日に働いた作業者の延べ労働時間と一致します。すべての作業者に**作業日報**を書いてもらうという方法で把握するのが一般的です。

次の列の「処理量」は、同じ１日でそれぞれのアクティビティを

◎アクティビテイ、作業時間、処理量による１日の作業実態の把握◎

	アクティビティ	作業時間	処理量	１処理あたり時間
1	入荷受付	185分	2,895 カートン	3.8秒/カートン
2	入荷検品	140分	2,895 カートン	2.9秒/カートン
3	入荷品棚付け	1,030分	330 行	187.3秒/ 行
4	ピッキングドライ	7,955分	9,824 行	48.6秒/ 行
5	ピッキングチルド	4,825分	5,020 行	57.7秒/ 行
6	検品ドライ	1,280分	2,400 オリコン	32.0秒/オリコン
7	検品チルド	680分	983 オリコン	41.5秒/オリコン
8	梱包通常	3,200分	1,500 箱	128.0秒/ 箱
9	梱包チルド	2,830分	753 箱	225.5秒/ 箱
10	返品処理	730分	229 行	191.3秒/ 行
	（合計）	22,855分		

・カートン：段ボール箱
・行：受注行数
・オリコン：折りたたみ式コンテナ

「どんな作業を」：アクティビティ
「どれだけの時間をかけて」：作業時間
「どれだけの量やっているか」：処理量

どれだけ処理したかという「仕事量」を示します。仕事量を測定するうえで、何を単位とするのがよいかはアクティビティによって異なります。それぞれの作業の作業負荷に最もよく比例する単位を選ぶようにします。ここでは、ピッキングは「注文行数（行）」、梱包はでき上がった「梱包箱数」を処理量としています。これらの代わりに、ピッキングケース数やバラ数等を使ってもかまいません。設定した単位で、その日に実際に処理した量を記録するわけです。

一番右の列の「１処理あたり時間」は、アクティビティごとの時間を処理量で割って秒単位に直したものです。この値は、各作業の作業生産性の実態を示すものです。

4-5 「1処理あたり時間」を使った分析のしかた

「標準作業時間」と比較する

アクティビティと時間、処理量という枠組みで数字をとると、その物流センターでどんな作業を、どれだけ、どのような生産性で行なっているかという実態を端的に把握できます。なかでも、アクティビティ別の「**1処理あたり作業時間**」は、この物流センター内の作業生産性を作業ごとに表わすものであり、これだけでも作業管理のベースになるデータとなります。

もっとも、「ドライ品のピッキングに、1行あたり48.6秒かかっている」という数字だけでは、この生産性は妥当なのか、どの程度の削減余地があるのかということはわかりません。これと比較できる「**妥当な生産性**」の**基準値**が必要です。

作業者の動きを観察・メモする

この基準値として使えるのが、**アクティビティごとの「標準作業時間」**です。ここでいう標準作業時間は、各アクティビティを現在の施設、設備、作業者で、ムダなく行なう場合の所要時間です。

標準作業時間の測定は、以下のように行ないます。

①ストップウオッチを持って作業を10分間観察し、時間を作業者が本来の動きをしていた「**正味時間**」とムダな動きをしていた「**非正味時間**」の２つに区分していく。

②正味時間については、その間に処理した「処理量」も記録する。非正味時間は、その間に何をしていたかを記録する。

③**標準作業時間＝正味時間÷その間の処理量**

この例でいえば、「4.ピッキングドライ」には作業日報情報では

◎「1処理あたり時間」と「標準作業時間」を比較する◎

	アクティビティ	1処理あたり時間	標準作業時間	改善余地 %
3	入荷品棚付け	187.3秒／行	120.0秒／行	35.9%
4	ピッキングドライ	48.6秒／行	32.1秒／行	33.9%
5	ピッキングチルド	57.7秒／行	38.9秒／行	32.5%
8	梱包通常	128.0秒／箱	62.5秒／箱	51.2%
9	梱包チルド	225.5秒／箱	78.8秒／箱	65.1%

この差異が改善余地

作業観察メモ：なぜ差異が発生しているか、わかる

3	入荷品棚付け	商品登録されていない、内装にバーコードがないなどの理由で、置き場所がわからず探す光景が多くみられる。
4	ピッキングドライ	在庫エリアが広いため、数枚分の指示書をまとめてピッキングしようとして、重ねたコンテナが崩れて何度も積み直すなど手際の悪い作業者がみられる。
		ピッキング後、作業者によっては検品に渡す前に自主的な検数を行なう（やらない人もいる）。
5	ピッキングチルド	奥のほうの商品を取るために手前の商品の移動が必要になる場面が多い。
8	梱包通常	作業がきわめて速い作業者とそうでない作業者の差がかなりあり、梱包手順・ノウハウが共有されていない様子。
		サイズの合う箱を探したり、作業途中で2個に分けることに変更して送り状を追加発行したりする姿がみられる。
9	梱包チルド	梱包用カートンのストック場がないので、そのつど離れた所に取りに行く。ゴミもそのつど移動して捨てに行く。

1行あたり48.6秒かかっていたが、正味時間だけでみると32.1秒／行でできるはずだということです。このギャップが**コスト削減余地**ということになります。

これは、作業分析の専門家でなくても測定できる簡便法ですが、観察中に「どんなムダがあるのか」も観察できることが、この方法のメリットです。どうすれば標準時間で作業できるのか、改善のポイントをかなり具体的につかむことができるのです。

4-6 アクティビティ別作業時間・処理量データの活用

アクティビティ別の時間と処理量のデータをとると、標準時間分析のほかにも、物流センターの実態をいろいろな角度から明らかにすることができます。コスト計算の技法説明からはやや離れてしまいますが、その具体例を２つほど紹介しておきましょう。

「手待ち」が発生しない人員配置を

右の表は、時間と処理量を午前と午後に分けて整理したものです。この例では、午前中の処理量が総じて少なく、ことにメインの機能である出荷関係のアクティビティについては、午前は午後の３分の１くらいしか処理をしていないという事実がわかります。

処理量が少なければ、その作業に配置する人数も少なくするべきです。すなわち、作業人員は、**その日その時間帯の処理量に合わせて投入**しなければなりません。これは、作業管理の大原則です。

処理量が少ないアクティビティに多すぎる人員を配置したときに発生するのが「**手待ち**」です。作業者がいかに作業改善をしても、処理すべき作業がなければ、そのアクティビティの作業生産性は抗いがたく低下してしまうわけです。

作業管理をあきらめてはいけない

実際のところ、物流センターの作業におけるムダは、この**人員配置の問題に起因するものが一番大きい**と、筆者は考えています。日別、時間帯別の処理量をあらかじめ把握（予定）し、これに合わせて人員投入を行なうということは、生産現場であればあたり前のことですが、物流現場でこれができているのは、かなり管理レベルの高い一部のセンターに限られるようです。

◎時間帯による処理量の違いをみる＝人員配置の基礎データ◎

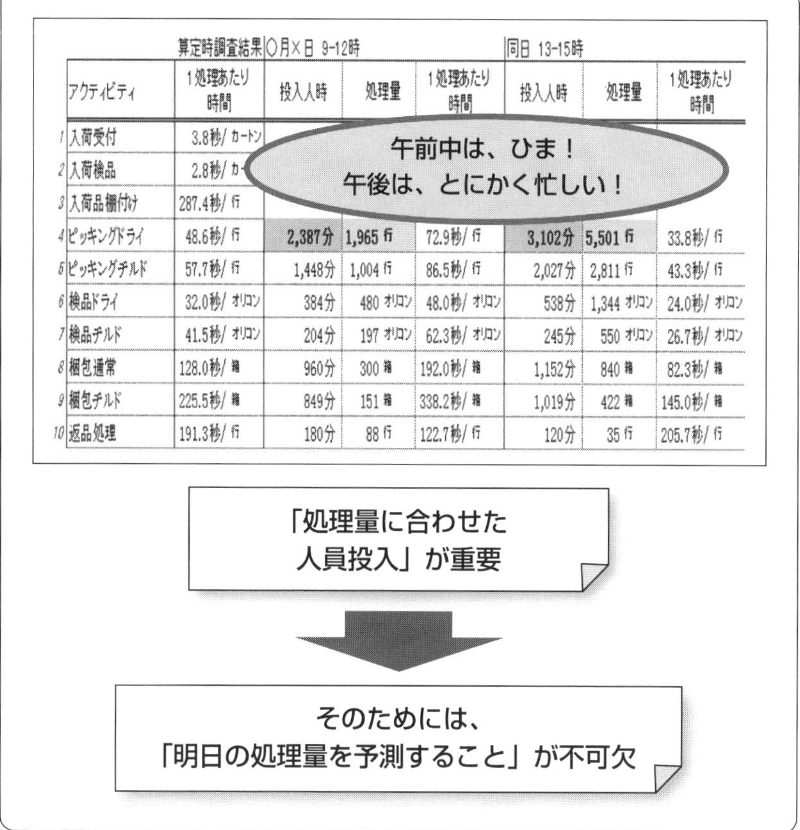

	算定時調査結果	○月×日 9-12時			同日 13-15時		
アクティビティ	1処理あたり時間	投入人時	処理量	1処理あたり時間	投入人時	処理量	1処理あたり時間
1 入荷受付	3.8秒/ カートン						
2 入荷検品	2.8秒/ カ						
3 入荷品棚付け	287.4秒/ 行						
4 ピッキングドライ	48.6秒/ 行	2,387分	1,965 行	72.9秒/ 行	3,102分	5,501 行	33.8秒/ 行
5 ピッキングチルド	57.7秒/ 行	1,448分	1,004 行	86.5秒/ 行	2,027分	2,811 行	43.3秒/ 行
6 検品ドライ	32.0秒/ オリコン	384分	480 オリコン	48.0秒/ オリコン	538分	1,344 オリコン	24.0秒/ オリコン
7 検品チルド	41.5秒/ オリコン	204分	197 オリコン	62.3秒/ オリコン	245分	550 オリコン	26.7秒/ オリコン
8 梱包通常	128.0秒/ 箱	960分	300 箱	192.0秒/ 箱	1,152分	840 箱	82.3秒/ 箱
9 梱包チルド	225.5秒/ 箱	849分	151 箱	338.2秒/ 箱	1,019分	422 箱	145.0秒/ 箱
10 返品処理	191.3秒/ 行	180分	88 行	122.7秒/ 行	120分	35 行	205.7秒/ 行

午前中は、ひま！
午後は、とにかく忙しい！
「処理量に合わせた人員投入」が重要
そのためには、「明日の処理量を予測すること」が不可欠

物流は派生業務であり、物流センターの処理量は、その日の顧客の注文量に応じて決まる、だから主体的に計画したり予定したりできるものではない――物流センターにはこのような考え方が、拭いがたくあるようです。物流センターの文化といってもよいかもしれません。

しかし、処理量が予測できないとあきらめてしまうことは、作業管理をあきらめるということと同じです。過去の同じ週や同じ曜日の実績から、明日の処理量を予測することが、物流センターの作業管理の第一歩になるのです。

4-7 時間からコストへ ——Activity-Based Costing

 物流コストを各アクティビティに配賦する

話をコスト計算の技法に戻して、アクティビティ別コストの計算方法について解説しましょう。アクティビティが設定されて、アクティビティごとの時間と処理量がわかっていれば、あとはもう一息でこれをコストに換算することができます。

データとして追加で必要なのは、時間調査をした対象人員の月間人件費です。物流ＡＢＣでは、物流活動に投入している要素のコストを、各アクティビティが実際に使った量に応じて、各アクティビティに配賦します。

図に示した例でいえば、「ピッキングドライ」というアクティビティは、「パート作業者」という月500万円かかる投入要素を、作業時間ベースで28.3％（ピッキングドライの作業時間4,025分÷総時間14,210分）使っているので、このアクティビティには月間コストとして「500万円×28.3％＝1,416,256円」がかかっているものとして配分する、という計算になります。

ここでは人件費しか配分していませんが、スペースやフォークリフト、ピッキングや検品に使うハンディターミナルなど、物流活動に投入している要素はすべて「**使っている量（時間）に応じて配分する**」というルールでコスト配分をします。

この計算ルールですべての投入要素のコストをアクティビティに配分して足しあげたもの、表でいうとコストの横合計が、各アクティビティの月間原価です。

 アクティビティ・ベースで作業管理とコスト管理がつながる

各アクティビティの月間原価を月間の処理量で割れば、これが「ア

◎アクティビティへの配分のしかた◎

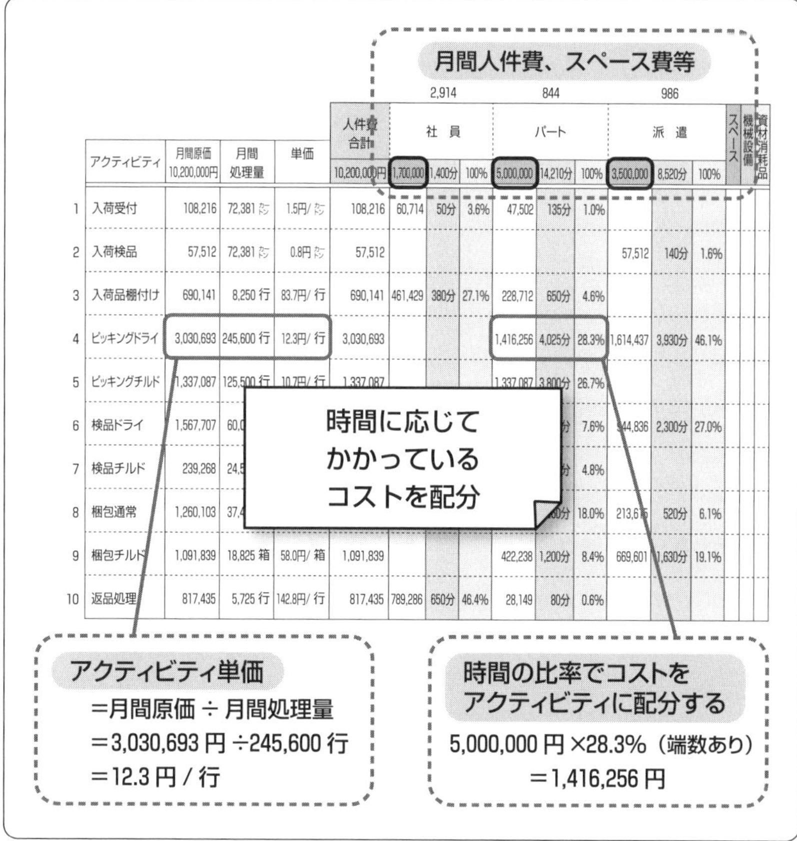

	アクティビティ	月間原価	月間処理量	単価	人件費合計	社員			パート			派遣			スペース	機械設備	資材消耗品
						2,914			844			986					
		10,200,000円			10,200,000円	1,700,000	1,400分	100%	5,000,000	14,210分	100%	3,500,000	8,520分	100%			
1	入荷受付	108,216	72,381 カートン	1.5円/カートン	108,216	60,714	50分	3.6%	47,502	135分	1.0%						
2	入荷検品	57,512	72,381 カートン	0.8円 カートン	57,512							57,512	140分	1.6%			
3	入荷品棚付け	690,141	8,250 行	83.7円/行	690,141	461,429	380分	27.1%	228,712	650分	4.6%						
4	ピッキングドライ	3,030,693	245,600 行	12.3円/行	3,030,693				1,416,256	4,025分	28.3%	1,614,437	3,930分	46.1%			
5	ピッキングチルド	1,337,087	125,500 行	10.7円/行	1,337,087				1,337,087	3,800分	26.7%						
6	検品ドライ	1,567,707	[illegible]	[illegible]	[illegible]	[illegible]	[illegible]	[illegible]	[illegible]	[illegible]	7.6%	[illegible]	2,300分	27.0%			
7	検品チルド	239,268	[illegible]	[illegible]	[illegible]	[illegible]	[illegible]	[illegible]	[illegible]	[illegible]	4.8%						
8	梱包通常	1,260,103	[illegible]	[illegible]	[illegible]	[illegible]	[illegible]	[illegible]	[illegible]	[illegible]	18.0%	[illegible]	520分	6.1%			
9	梱包チルド	1,091,839	18,825 箱	58.0円/箱	1,091,839				422,238	1,200分	8.4%	669,601	1,630分	19.1%			
10	返品処理	817,435	5,725 行	142.8円/行	817,435	789,286	650分	46.4%	28,149	80分	0.6%						

クティビティ単価」です。アクティビティ単価は、自社のセンターでこのアクティビティを１つ処理した場合の平均的なコスト、ということになります。

物流ＡＢＣの優れている点は、前項までで見てきた作業管理や作業改善のデータをそのまま使ってコスト計算をするところにあります。作業管理、コスト管理、収益管理が「アクティビティごとの時間、処理量」というデータを通して完全につながるわけです。データの整合性という意味で、物流ＡＢＣは他の作業分析手法とは一線を画すといえるでしょう。

アクティビティ単価で何ができるか①
——顧客別物流コスト格差の実際を見る

アクティビティ単価は作業単価であり、前項までで紹介してきた作業改善は、すべて「**単価を下げる取組み**」です。作業改善の効果はコストで把握することができるわけですが、アクティビティ単価を求める真の狙いは、実は別のところにあります。

アクティビティ単価が本領発揮するのは、「**単価を固定して量の変化を見る**」という使い方にあります。前にも述べた「売上は上がっていないのに、物流コストは増えた」というやっかいな事象の原因を、数字で解明することができるわけです。

顧客別格差を分析し、採算点を把握する

ここでは少し設定を変えて、「同じように売っているように見えても、取引内容の違いによって物流コストはまったく異なる」という事象を、顧客別物流コストの対比で説明することにしましょう。

右ページの図は、顧客であるＡ社、Ｂ社、Ｃ社の物流コストを、物流ＡＢＣで求めたものです。３顧客それぞれのために行なっている処理量を求め、アクティビティ単価を使って「単価×処理量」でコストを計算していきます。アクティビティ別の「単価×顧客別処理量」を足しあげたのが、顧客別コストというわけです。

ここでのアクティビティ設定は、これまでと若干異なっています。ピッキングに関わるアクティビティを、「１バラあたり」「１ケースあたり」という物量に比例するものと、受注行数に比例する「ピッキング移動」とに区分しています。受注行数は受注頻度を反映します。このようにしておくと、注文頻度の高い顧客は、「ピッキング移動」アクティビティの処理量が多いために、コストが高くなります。つまり、注文頻度の違いを反映させたコスト計算ができるわけです。

◎顧客（届け先）別コスト格差を解明する◎

同じように「1個売る」にも
A社に出荷すると47円/点
B社なら10.7円/点で出せる
格差の理由は？
返品
発注単位・頻度
値付け、専用伝票
もし、返品をなくしたら？
最低発注単位を設定したら?
採算シミュレーションにもとづく
標準サービスレベルの設定へ

	A社	B社	C社
売上/点	848.5	778.6	458.3
売上	28,000,000	25,500,000	11,000,000
コスト/売上	5.5%	1.4%	5.8%
コスト/点	47.0円/点	10.7円/点	26.5円/点

	アクティビティ単価	処理量	コスト	処理量	コスト	処理量	コスト
			1,550,772		350,530		635,251
ピッキングカートン	12.9円/カートン	1,250	16,125	2,500	32,250	1,500	19,350
ピッキングバラ	3.6円/点	18,000	64,800	2,750	9,900	6,000	21,600
ピッキング移動	50.7円/行	11,000	557,700	3,250	164,775	4,263	216,134
検品	18.9円/点	11,000	207,900	3,250	61,425	4,263	80,571
梱包	59.4円/個口	5,540	329,076	1,050	62,370	2,250	133,650
値付け	6.9円/点	22,020	151,938			8,020	55,338
キャラメル包装	18.6円/点	715	13,299				
デパート包装	48.0円/点	200	9,600				
名入れ	172.0円/点	55	9,460	50	8,600	110	18,920
通常出荷伝票作成	15.9円/点			705	11,210	2,200	34,980
専用伝票作成	41.4円/枚	1,590	65,826				
返品対応	142.1円/点	880	125,048			385	54,709
	総出荷量バラ換算	33,000		32,750		24,000	

顧客別コストでは、顧客によって大きな格差が出るのが普通です。これを比較するために、「出荷１点（１個、１バラ）あたりコスト」という原単位の形にすると、顧客別のコストの高低がわかりやすく見えてきます。また、売上高物流コスト比率という形にすれば、「顧客別の物流採算」を正しく把握することができます。

4-9 アクティビティ単価で何ができるか②
――物流コスト比率上昇の原因がわかる

前項で出荷コストの原単位（１点あたり出荷コスト）が47円と高いＡ社が、なぜコスト高になるかということは、Ａ社の処理量をみると明らかになります。

ピッキングバラの比率が高く、注文行数も多いのでピッキングのコストが高くなり、また、「キャラメル包装」「デパート包装」といった単価の高い加工作業を多く行なっており、さらに、返品もたくさん来ているからです。

売上は上がらないのに物流コストが上がる理由

原単位で比べるとＢ社の４倍、Ｃ社の２倍に近い水準になっています。これは、Ａ社には他の会社よりもコストの高い物流サービスを提供しているからなのです。売上は上がらないのに物流コストが上がるという現象は、Ａ社のような顧客が増えているために起こるといえます。「Ａ社との取引が増えれば増えるほど、会社全体の物流コストが上昇し続ける」ということになるのです。

コストは安くても売上高物流コスト比率が高い理由は？

もっとも、「売上高物流コスト比率」という指標で見ると、３つの顧客のなかで一番高いのは、実は、Ａ社ではなくＣ社です。Ｃ社の出荷コスト原単位は26.5円とＡ社よりもずっと安いのに、売上高物流コスト比率がこれほど高いのはなぜでしょう？

それは、Ｃ社の「売上高」が相対的に少ないからです。相対的にという意味は、ケース数や点数は結構出ているが金額が少ない、つまり、安い商品ばかり注文されているということです。Ｃ社のような顧客の存在もまた、「売上が伸びないのに物流コストが上がる」原因をつくっています。

◎顧客別分析から物流コスト比率上昇の原因が見えてくる◎

- ピッキングバラの比率が高い
- 注文行数が多い
- 包装や名入れが多い
- 伝票が専用伝票
- 返品が多い

点数の割に売上が低い
（単価の安いものを売っている）

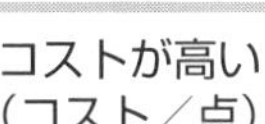

コストが高い
（コスト／点）

売上が低い
（売上／点）

採算が悪い
（コスト／売上が高い）

	A社		B社		C社
売上/点	848.5	売上/点	778.6	売上/点	458.3
売上	28,000,000	売上	25,500,000	売上	11,000,000
コスト/売上	5.5%	コスト/売上	1.4%	コスト/売上	5.8%
コスト/点	47.0円/点	コスト/点	10.7円/点	コスト/点	26.5円/点

	アクティビティ単価	A社 処理量	A社 コスト	B社 処理量	B社 コスト	C社 処理量	C社 コスト
			1,550,772		350,530		635,251
ピッキングカートン	12.9円/カートン	1,250	16,125	2,500	32,250	1,500	19,350
ピッキングバラ	3.6円/点	18,000	64,800	2,750	9,900	6,000	21,600
ピッキング移動	50.7円/行	11,000	557,700	3,250	164,775	4,263	216,134
検品	18.9円/点	11,000	207,900	3,250	61,425	4,263	80,571
梱包	59.4円/個口	5,540	329,076	1,050	62,370	2,250	133,650
値付け	6.9円/点	22,020	151,938			8,020	55,338
キャラメル包装	18.6円/点	715	13,299				
デパート包装	48.0円/点	200	9,600				
名入れ	172.0円/点	55	9,460	50	8,600	110	18,920
通常出荷伝票作成	15.9円/点			705	11,210	2,200	34,980
専用伝票作成	41.4円/枚	1,590	65,826				
返品対応	142.1円/点	880	125,048			385	54,709
	総出荷量バラ換算	33,000		32,750		24,000	

A社は…コストが高すぎて、1点あたり売上は高いが、採算悪い
B社は…コストが低く、1点あたり売上は高く、採算よい
C社は…コスト低いが、1点あたり売上が低すぎて、採算悪い

アクティビティ単価で何ができるか③
——顧客別に取り組む物流採算の改善

売上高物流コスト比率の高い顧客が増えるほど、物流コストは上昇を続けます。こうした顧客は、「物流コストが割高」か「売上が少ない」かの、いずれか（あるいは両方）の問題をもっています。これからの物流コスト管理では、この「**顧客別採算の改善**」に手をつけることは重要であり、コスト削減領域としては最後に残された有望な分野であるといえます。

物流コスト管理の一分野とはいっても、「顧客別採算の改善」は物流センター現場の改善とはまったく別のものです。これまでは管理されず、顧客のいいなりがあたり前だった部分です。

 物流の改善だけでなく売り方の改善を

顧客別採算の改善に手をつけるうえでは、問題になる顧客を見つけ出し、問題の内容を切り分けることが第一歩です。次ページのグラフは、縦に顧客別出荷コスト原単位、横に売上高物流コスト比率を取っています。プロットされている点は、１つひとつの顧客です。

このようにプロットしてみると、問題顧客は①②④の象限にプロットされます。

最も問題が大きいのは①の象限で、物流コストが高く、売上高物流コストも高い顧客です。物流コスト低減のために物流サービスの見直し（注文をまとめてもらう、返品を受けないなど）が必要であり、あわせて、もう少し高いものを買ってもらうというような「売り方を変える施策」が必要です。②の顧客（物流コストは安いが売上高物流コスト比率が高い）には売り方を変える施策、④の顧客（物流コストは高いが売上高物流コスト比率は低い）には物流コスト低減の施策が必要です。

こうした取組みは物流の改善ではなく売り方の改善であり、営業

◎「顧客別物流採算分析シート」のモデル例◎

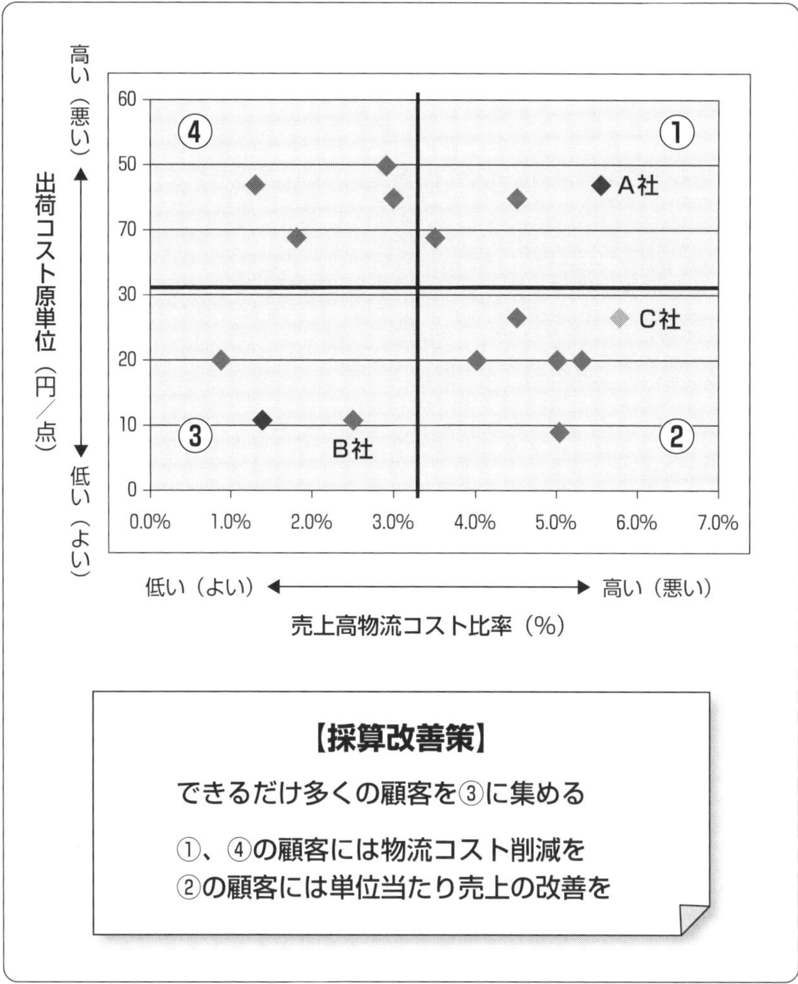

部門の改善テーマです。ただし、営業部門にこのような取組みを促すには、物流からの情報発信が不可欠です。営業部門は顧客別の物流採算の情報などもっていないし、そもそも、売り方を制約するようなテーマには関心がないのが普通です。物流のほうから、売り方と物流コストの因果関係をわかりやすく整理して提示するしかありません。そのために、物流ＡＢＣは欠かせないツールなのです。

アクティビティ単価で何ができるか④
――物流事業者の荷主別採算改善

物流事業者がしっかりとした収益管理をするために

ここまで見てきた「顧客別物流採算」は、物流事業者の立場でいうと「**荷主別採算を把握・分析する**」ということです。

複数の荷主が同居する物流センターを運営する物流事業者ならば、何らかの方法で荷主別収支は把握していることと思います。ただし、かかっているコストを把握しているだけだと、ここでも「データはあるが情報はない状況」にすぎません。荷主別収支の改善に役立つコスト情報を得るには、物流事業者にも物流ＡＢＣが有効です。

物流センターでは、「保管料」「入出庫料」といった業法に則った伝統的料金体系ではなく、「入出荷・保管一括で１ケース×円」とか「出荷した商品金額の○％」といった料金設定も多く見られます。これらは、荷主にとってはわかりやすく、また、物流費の変動費化ができて都合のよい料金設定ですが、物流事業者にしてみればコストに見合った収入を確保するのが従来以上に難しく、しっかりとした収益管理を求められることになります。

物流ＡＢＣで荷主別コストを計算できるようにする

物流ＡＢＣで倉庫内のアクティビティ単価を把握し、これに荷主別処理量をかけて荷主別コストを計算できるようにしておけば、どんな料金体系でも、それに沿ったコストを計算することができます。

たとえば、「ケース出荷は１ケースいくらか」「入荷した商品を在庫せず店別に仕分けて出荷する処理は、１コンテナあたりいくらになるか」など、これらの処理をアクティビティフローに整理して、単価を足しあげていけば計算ができるわけです。採算が悪い荷主は、どのアクティビティがどう悪さをしているかもわかります。

◎荷主別採算の管理におけるコストの把握のしかた◎

かかったコストを把握

どの荷主のために、何時間ずつ作業をしたか

採算の悪い荷主でも、その原因はわからない

採算改善のための具体策はでてこない

物流ABCで把握

どの荷主に、どのアクティビティをどれだけ処理したか

コストが高いのはどのアクティビティが原因なのか、わかる

作業改善でどこまで採算改善できるか、改善後の妥当な料金はいくらか、シミュレーションできる

さらによいのは、収支改善にあたって作業改善でアクティビティ単価を下げる取組みでどこまで対応できるのか、というシミュレーションができることです。

赤字の荷主の収支改善策は、コスト削減か、収入を増やすかのいずれかしかありません。収入を増やす「料金改訂」の交渉をする場合、現在かかっているコストだけでなく、ぎりぎりまで削減した場合のコストがどうなるか、それでもなおかつ残る赤字がどの程度なのかを明らかにしておくことは、対荷主のみならず、社内の了承を得るうえでも必要なことだからです。

「取引のオーダーレス化」が究極の効率化をすすめる

トラックドライバーの長時間労働を正す目的で、行政はいくつかの枠組みで、荷主と物流事業者が連携して具体的な改善に取り組む実証実験事業を推進しています。取組みでは「発荷主」と「着荷主」の連携にも焦点があてられ、そのなかで「着荷主の発注を待つことなく、情報を共有して計画的に送り込む」という「オーダーレス」のしくみで画期的な成果を上げようとしている事例があります。

「紙・パルプの物流における生産性向上およびトラックドライバーの労働時間改善に関する懇談会（2019年度）」で取り組まれている、段ボールメーカーのレンゴー（発荷主）と食品メーカーのMizkan（着荷主）の取組みがこれにあたります。これまではMizkanが生産に合わせてそのつど、段ボールを発注していました。レンゴーは当然、注文に応じて納品していましたが、注文量は変動し、多頻度少量注文であるため、避け難く低積載率の便が出ていました。

実証実験ではMizkanの生産計画と在庫情報をレンゴーも共有し、積載率を考慮した納入頻度と納入量について、レンゴーが調整・決定して輸送を実施できるようにしました。この変更でトラックの効率が上がることは確実であるうえ、効果はこれに留まりません。

取引が「オーダーレス」になれば、「多頻度少量のオーダー」も「納品リードタイム」も消失します。これまで物流の効率化を阻んできた「物流サービス」がなくなるのです。トラックと合わせて倉庫作業の平準化・効率化が実現するうえ、レンゴーではこれまで見込みで用意していた在庫を顧客の情報にもとづいて用意するので、在庫の最適化と欠品防止にも効果があります。

ドライバー不足をきっかけとして、サプライチェーン・マネジメントを最適化し、究極の効率的な機能分担に向かう改善が進んでいるのは素晴らしいことです。

5章

物流業界の基礎知識と業界動向

Physical Distribution
&
Logistics

執筆◎内田 明美子

5-1 運賃値上げが定着してきたトラック運送業界

 トラックの効率低下が長時間労働でカバーされてきた

「私たちは環境変化をふまえ、宅急便の担い手である社員の健全な労働環境を守るため、27年ぶりに運賃の全面改定をいたします」——ヤマト運輸が新聞各紙にこんな全面広告を出したのは2017年５月22日のことでした。ここでいう「27年ぶり」は、バブル景気の時代であり、また「物流二法（貨物自動車運送事業法と貨物運送取扱事業法）」が制定された1990年以来を意味しています。

1990年までのトラック運送業界は、国が「認可運賃」を定めて公示し、これが３～４年ごとに値上げされていました。認可運賃の改定は、運送事業者にとって強力な値上げの根拠材料でした。この時代のトラック運送業界は規制に強く守られた業界だったのです。

1990年の規制緩和で事業参入規制が緩和され、運賃も自由化されて認可運賃の設定はなくなりました。新規参入事業者が急増して競争は激化し、トラック運賃は27年間一貫して下がり続けました。

ここで誤算だったことは、自由競争によってトラックの効率が上がることはなく、むしろ下がり続けたことです。１章でみたように、この間の荷主は「トラックなど安いものだ、いくらでも使える」という前提で物流を組み立ててきました。競争激化のなかでトラック運送業界は荷主の要求をすべて受け入れ、トラックの効率が下がるのを食い止めることができませんでした。値下げの原資がないのに運賃を下げなければならないという矛盾を、業界はドライバーの長時間労働と低賃金によってカバーしてきたわけです。

 運賃値上げは持続可能な物流の必要条件

流れが変わった2017年は、ドライバー不足の深刻化と合わせて、

◎運賃は2017年後半から上昇に転じた◎

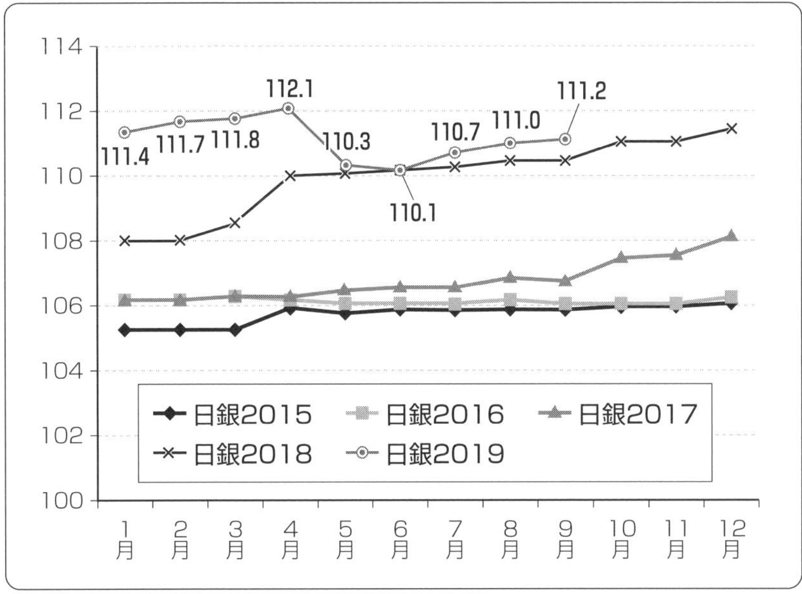

（日本銀行「企業向けサービス価格指数」より）

政府の「働き方改革」が法制化に向けて動き出した年です。物流業界においても、長時間労働に依存したサービスの提供は持続不可能であり、新たなしくみをつくる必要に迫られました。

そのなかで、運賃値上げは欠くことのできない重要な施策です。「全業種平均より２割安い」とされるドライバーの賃金が時短でさらに下がれば、ますますドライバーはいなくなってしまいます。ドライバーの報酬を向上させる原資の確保が必須なのです。

運賃の公式統計である「日銀企業向けサービス価格指数・道路貨物運送」は2017年後半から上がり始め、2019年も前年を上回る水準を維持しています。ようやく、運賃値上げが業界に浸透してきたといえましょう。「値上げを申し出ることによって仕事を失う」という不安が減り、それ以上に「値上げが受け入れられないならば、撤退してもかまわない」という強い覚悟で事業者が交渉に臨んでいることがうかがわれます。

5-2 国も運賃値上げを全面的に支援している

運賃の値上げが必要不可欠な重要施策であるという認識は、物流業界だけのものではありません。近年の行政の動きは、運賃値上げを全面的に支援する考えをはっきりと示しています。

約款改正で運賃・料金の別建て収受が明記された

2017年11月、運賃と別建てで「料金」を正しく収受することを狙いとして「標準貨物自動車運送約款」が改正されました。標準約款とは、事業者と荷主の契約書のひな形として、国土交通省が制定するものです。今回の改正で、料金請求の根拠となる「運賃」「料金」の対象範囲が、約款のなかに改めて明確に定義されました。

「運賃」がカバーする業務は「車両による発地から着地の荷物の移動まで」です。その前後に待機や、積込み、取下ろし等の荷役、棚入れやラベル貼りなどの付帯作業がある場合は、これは運賃には含まれません。別建ての「料金」を設定して収受しなさいという指針が示されたわけです。

これに伴い、運送以外の役務を行なった場合は乗務記録にきちんと記録を残すことも義務化されました。乗務記録は法令にもとづいて記録と保存が事業者に義務づけられているもので、「待機」については2017年７月から、「荷役」「付帯作業」も2019年６月から記載対象となっています。

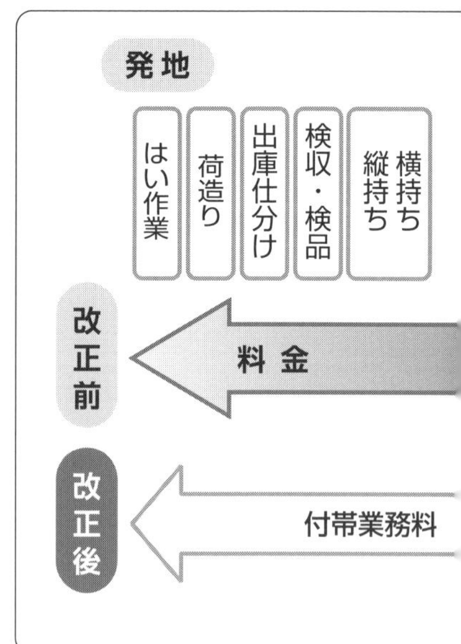

（はい作業：荷物を積みつけたり、移動のため

時限立法で「標準的運賃」の設定が可能になった

「運賃値上げの交渉には、目安となるものが必要」「『標準的運賃』を提示してほしい」という声は、かねてから、国に対する事業者からの要望事項としてあげられてきました。国も適正運賃のあり方について、検討会による議論や調査を継続してきたものの、これまでは「標準的運賃」が提示されることはありませんでした。自由競争が前提となっている市場において、国や業界団体が基準価格を示すことは、独占禁止法に抵触する違法行為となってしまうためです。

これに対して、「(国が) 標準的運賃を告示できる」とする改正貨物自動車運送事業法が2018年12月に国会で可決されました。2023年度末までの時限措置として、法的な障壁が取り除かれたのです。

2024年４月には労働時間規制がさらに厳しくなります（５－５参照）。これに対応するには、いま、速やかな値上げが必要であり、行政は強い意志でこれを支援しようとしているのです。

◎「運賃」と「料金」の区分…値上げを支援する国の施策◎

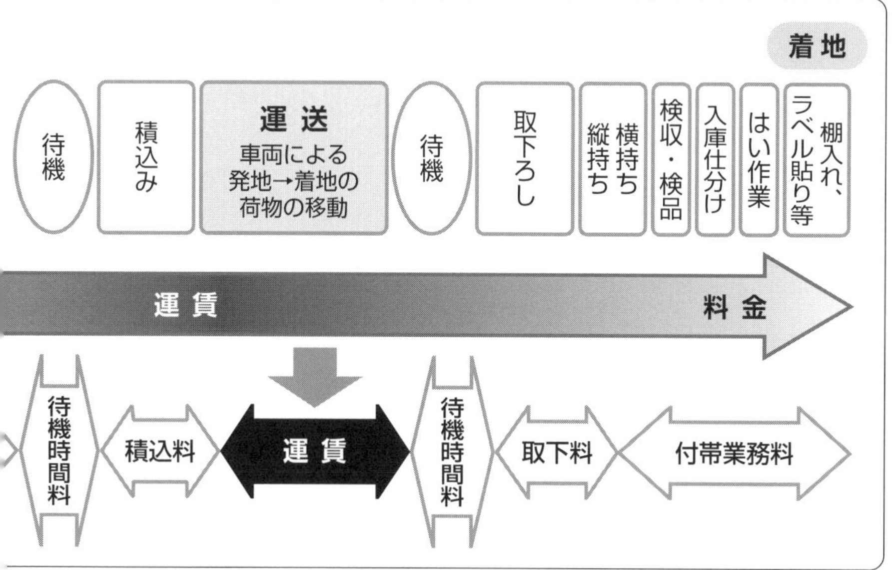

に崩したりする作業）

5-3 トラック運賃の基礎知識 ～基準運賃表(タリフ)の概要～

 認可運賃時代の運賃表は現在も契約の基準になっている

国が「**基準運賃表**」（タリフ）を定める制度は1990年（平成２年）に廃止され、参考値として「上限・下限」を示すことも1999年（平成11年）を最後になくなりました。しかし、実はその後もタリフは実務の世界で使われ続けています。現在でも、「平成２年タリフの110％で」というように、基準運賃表をベースにした運賃の取り決めが多くみられるのです。

基準運賃表には、大きく分けて「貸切」と「積み合わせ」の２種類があり、貸切運賃には「距離制」と「時間制」があります。距離制運賃表は「輸送距離×トラック車種」、時間制は「拘束時間×トラック車種」のマトリクスになっており、各マスごとに運賃金額が書き込まれています。積み合わせは「荷物の重量×輸送距離」です。

「４トン車で30kmの輸送を頼んだら」とか、「50kgの荷物を100km運んでもらったら」というように、輸送内容を整理して運賃を決めるわけです。このほかに「危険品・易損品割増」「特殊車両割増」「冬季割増」などの割増比率が細かく定められています。

 基準運賃表のベースとなる原価計算のあらまし

基準運賃表は、全国10地域の運輸局ごとに作成され、各運賃金額は**輸送距離**と**所要時間**に応じた原価計算をベースに設定されます。貸切距離制の運賃計算を簡単に定式化すると以下のようになります。

> 運賃金額＝（運行原価＋営業外費用＋適正利潤）×運賃率
> 運行原価＝１kmあたり変動費（燃料油脂費・修繕費）×輸送距離＋１時間あたり固定費（人件費、車両費、車庫料金等）×所要時間

◎「基準運賃表」の例（関東運輸局　平成11年タリフ）◎

距離制

キロ程＼車種別	1トン車まで		2トン車まで		3トン車まで		4トン車まで	
	上限	下限	上限	下限	上限	下限	上限	下限
10km まで	5,710	3,810	8,140	5,420	9,700	6,460	11,050	7,370
20km 〃	9,430	6,290	13,020	8,680	13,940	9,300	14,480	9,920
30km 〃	12,890	8,590	15,190	10,130	16,240	10,820	17,320	11,540
40km 〃	14,650	9,770	17,330	11,550	18,490	12,320	19,740	13,160
50km 〃	16,990	11,330	19,450	12,970	20,780	13,860	22,180	14,780
60km 〃	19,320	12,880	21,590	14,390	23,050	15,370	24,600	16,400

時間制

			1トン車まで		2トン車まで		3トン車まで	
			上限	下限	上限	下限	上限	下限
基礎額	8時間制	基礎走行km 3トン車まで80km 3トン車超100km	25,620	17,080	28,440	18,960	30,360	20,240
	4時間制	基礎走行km 3トン車まで40km 3トン車超50km	15,380	10,260	16,940	11,300	18,160	12,100

積み合わせ

重量＼距離	50kmまで		100kmまで		150kmまで		200kmまで	
	上限	下限	上限	下限	上限	下限	上限	下限
10kg まで	1,030	690	1,060	700	1,070	710	1,070	710
20kg 〃	1,140	760	1,160	780	1,200	800	1,240	820
30kg 〃	1,250	830	1,270	850	1,300	860	1,340	900
40kg 〃	1,370	910	1,390	930	1,460	980	1,520	1,020
60kg 〃	1,460	980	1,500	1,000	1,600	1,060	1,670	1,110

「1kmあたり変動費」と「1時間あたり固定費」は、各地域での車両1台1か月あたりの標準的な人件費や燃料費等のコストを、実態調査した走行距離、稼働時間で割って設定されています。各マス目に入る運賃金額は、そのマス目の輸送距離と所要時間で決まります。つまり、距離制タリフには時間に応じて変わる部分はないのですが、金額設定の段階でマス目ごとに所要時間が想定されているわけです。

運賃自由化後は、トラックの効率が落ちて実際の所要時間が延びても、これに応じた運賃見直し（値上げ）が行なわれないまま、旧タリフが使われ続けてきました。いま、運賃には「時間に応じた見直し」が急務であるといえます。

5-4 営業トラックは能力の4割しか使われていない

 トラックの効率を見る３つの指標

トラックの効率は、「実働率」「実車率」「積載率」という３つの指標でみることができます。

- **実働率**…その車が営業日のなかで何日稼働したか
- **実車率**…車が稼働した時間のうち、荷物を積んでいた時間はどれだけだったか
- **積載率**…積んでいた荷物の量が車の最大積載量に対してどれだけだったか

最初の実働率は、トラック運送事業者が所有するトラック台数に対して、どれだけ休ませることなく仕事を入れられていたかという指標です。１運行ごとの効率を上げるという意味では、実車率と積載率が重要になります。実車率が100％にならないのは、荷物を積んで届けた後、トラックは出発地まで帰らなければならないからで、仮にこのときに荷物が空（いわゆる、帰り荷がないという状態）であれば、実車率は50％ということになります。積載率は、２トン車に１トンしか積まないで走れば、やはり50％になります。

 トラックはムダを内包したまま走り続けている

国土交通省の自動車輸送統計は、実働率と実車率は「原単位」として公表し、積載率については出発から帰ってくるまでの間に変化する積載率を平均した「平均積載率」（積載効率ともいう）の計算元データを公表するという形を取っています。平均積載率は以下の式でも表わすことができます。

平均積載率＝最大時の積載率×実車率

◎公式統計でみる営業トラックの効率の推移◎

年度	実働率	a 実車率	b/a 最大積載率（推定値）	b 平均積載率
2000	68.8%	69.7%	62.8%	43.7%
2005	68.6%	71.0%	62.7%	44.6%
2010	67.6%	69.9%	50.4%	35.3%
2015	68.3%	71.3%	57.8%	41.2%
2016	67.3%	66.3%	60.9%	40.4%
2017	66.6%	67.3%	59.6%	40.1%
2018	66.1%	70.4%	55.7%	39.2%

その車が営業日のうち何日稼働したか

走行のなかで荷物を積んで走ったのはどれだけか

車の大きさに対してどれだけ荷物を積んでいたか

（国土交通省「自動車輸送統計年報」より）

わかりやすくするために、国交省のデータを加工して実働率、実車率、積載率の指標を時系列でみると上図のようになります。

時系列データは途中で調査方法が変わっていて単純比較できない部分があるのですが、2018年度の実車率は７割、平均積載率は４割を切っています。推定値ですが、「車の大きさに対してどれだけ積んでいたか」という最大積載率は、50％台にすぎません。

物流危機が認知され、運賃が上昇に転じた近年でも、公式統計ベースでは、トラックの効率は改善していません。トラックは今日も、大きな改善余地を内包したまま走り続けているのです。

業界の労働時間規制が大きく変わる「2024年問題」

「改善基準告示」における月間拘束時間上限は293時間

トラック運送業はこれまでは、一般の労働時間規制の適用除外とされてきた業種でした。長距離運転で連続的・変則的な勤務が不可欠になること、繁忙期には業務の集中を免れないことなどを鑑みて、1989年に労働大臣から「**改善基準告示**」という業界固有の規定が告示されています。この改善基準告示では、1か月のドライバー拘束時間の上限を293時間と決めています。

これに対して、2015年の過労死防止大綱において、トラック運送業が「過労死等が多く発生している重点業種」の筆頭にあげられたあたりから、トラック運送業界にも特例は認めず、一般業種と同等の規制を適用していくべきだとする声が大きくなりました。

2018年6月に成立した「働き方改革関連法」の審議で、この声は力を増した感があります。一般業種には2019年から順次適用されている「罰則付きの時間外労働上限規定」について、「2024年のスタート時は特例で年間960時間までとするが、その後は、他の業種と同様の720時間までをめざす」という方針が示されています。

2024年以降は罰則付きの労働時間規制が適用される

働き方改革関連法による規制は「時間外労働時間」を規制するものなので、改善基準告示と単純には比較できないのですが、仮に月の所定内労働時間を176時間とした場合、1か月の労働時間の上限は、時間外労働が「年間960時間」なら月256時間、「年間720時間」なら月236時間で、月293時間よりも格段に厳しくなるわけです。

業界の長時間労働の実態は、「改善基準告示さえも守られていない事業者が珍しくない」という深刻なものです。長時間労働がドラ

◎トラック運送業の労働時間規制◎

改善基準告示

拘束時間	1か月 293時間（1年のうち6か月まで、最大延長320時間） 1日　原則　13時間 〃　最大　16時間（15時間超えは1週間について2回以内） 1年の拘束時間は3,516時間を超えない
運転時間	2日を平均して1日あたり9時間 2週間平均で1週間あたり44時間 連続運転時間は4時間以内
休息期間	継続8時間以上 運転者の住所地での休息期間が、それ以外の場所での休息期間より長くなるよう努める

2024年以降の規制

時間外労働は**年間960時間**まで
超えた場合は罰則を適用
将来的には、他の業種と同じ「**720時間まで**」をめざす

仮に1か月の所定内労働時間を176時間としたら
1か月の労働時間の上限は
時間外上限が「年間960時間」なら　月256時間
時間外上限が「年間720時間」なら　月236時間

イバー不足を加速させるとともに、「ドライバーが足りないために、現存のドライバーが無理なスケジュールで運転せざるを得なくなる」という悪循環が続いています。

この状態に対して、行政は「今後は断じて容赦しない、特別扱いもしない」という強い構えであり、業界もかつてない真剣さで、ドライバーの長時間労働是正に力を注いでいます。荷主も、長時間労働に配慮しない要求をすることは違法行為であり、取締まりの対象になるという新たな状況が生まれています。これについては、次項でみることとします。

5-6 荷主の協力への法的根拠「荷主勧告制度」と「荷主配慮義務」

法令違反に係る荷主への罰則制度が強化された

運送業界の働き方改革に必要な荷主の協力を得るということについては、2018年12月の貨物運送事業法改正で「荷主勧告制度の強化」「『荷主配慮義務』の新設」の２つの施策が盛り込まれました。

荷主勧告制度は、長時間運転に対して「荷主の関与」が認められる場合に、再発防止のための措置を勧告するとともに、荷主名を公表するという罰則規定です。正確にいうと、長時間だけでなく過積載運行など法令違反全般が勧告の対象になります。

荷主勧告制度は新しい制度ではないのですが、これまでは、荷主関与の判断基準が明確でなかったことなどにより、実効力を発揮しない罰則でした。これが2017年から２回にわたる制度改正で、「運送事業者が処分される前でも勧告できる」「勧告と同時に荷主名および概要を公表する」など、実効性を高める策が打たれました。

法文（通達）のなかには、勧告要件に該当する荷主の行為の例として、こんなことが書かれています。

「荷主の管理に係る荷捌き場において、手待ち時間が恒常的に発生しているにもかかわらず、当該手待ち時間の解消に係る事業者の要請に対し、社会通念上行なわれるべき改善措置を行なわないこと」

この一文に心当たりのある荷主は、決して少なくないでしょう。いま改めて、トラック運送業界の法令遵守についての、荷主の責任が重く問われているということです。

新しく定められた「荷主配慮義務」

新設の**荷主配慮義務**については、「運送事業者が法令遵守の運行

◎貨物運送事業法改正における「荷主」関連部分◎

❶ 荷主の配慮義務が新設されました

- 荷主は、トラック運送事業者が法令を遵守して遂行できるよう、必要な配慮をしなければならないこととする債務規定が新設されました。

❷ 荷主への勧告制度が拡充されました

- 荷主勧告制度の対象に、貨物軽自動車運送事業者が追加されました。
- 荷主に対して勧告を行なった場合には、その旨を公表することが法律に明記されました。

❸ 違反原因行為をしている疑いがある荷主に対して、国土交通大臣が働きかけ等を行ないます

- 国土交通大臣は、「違法原因行為※」（トラック運動事業者の法令違反の原因となるおそれのある行為）をしている疑いのある荷主に対して、関係省庁と連携して、トラック運送事業者のコンプライアンス確保には荷主の配慮が重要であることについて理解を求める「働きかけ」を行ないます。
- 荷主が違反原因行為をしていることを疑うに足りる相当な理由がある場合等には、「要請」や「勧告・公表」を行ないます。
- トラック運送事業者に対する荷主の行為が独占禁止法違反の疑いがある場合には、「公正取引委員会に通知」します。

※違反原因行為の例

荷待ち時間の恒常的な発生	非合理な到達時刻の設定	重量違反等となるような依頼
荷主の都合による長時間の荷待ち時間が恒常的に発生	適切な運行では間に合わない到着時間の指定	積込み直前に貨物量を増やすよう指示
⇒過労運転防止義務違反を招くおそれ	⇒最高速度違反を招くおそれ	⇒過積載運行を招くおそれ

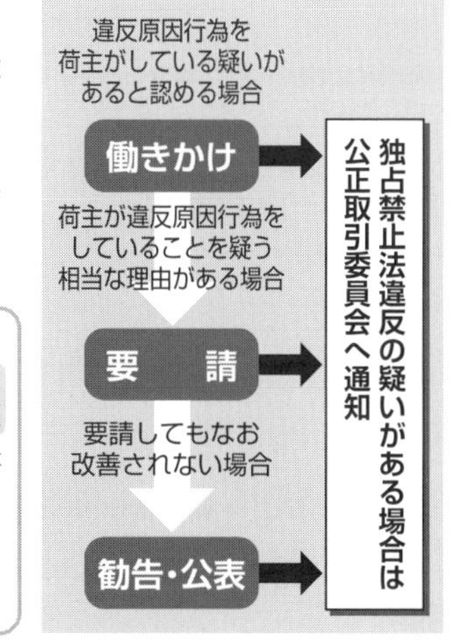

（国土交通省作成のリーフレットより）

ができるよう荷主の配慮義務を新設する」とさらりと書かれているのみですが、この義務が法的に定義されたことの意味は小さくありません。今後、この義務が荷主への協力を要請する根拠として活躍する場面があることが考えられます。

5-7 トラック運送業界の働き方改革の実現に向けた88項目

「政府行動計画」が動いている

2017年３月、国土交通省は「自動車運送事業の働き方改革の実現に向けた政府行動計画」（88項目）を策定しました。計画はその後、項目を加えながら、速いペースで実行に移されています。行政の施策の全体像がわかるこの計画について、その内容をみておきましょう。

改革の柱は「**労働生産性の向上**」「**多様な人材の確保**」「**取引環境の適正化**」の３本です。筆頭の「生産性の向上」は「輸送効率の向上」が中核で、88項目の約半数がこれにかかるものです。「**働き方改革は、運び方改革**」というわけです。

輸送効率の向上については、「トラック予約受付システム等の導入促進」「パレット化」「スワップボディコンテナ車両の導入支援」など、待機をなくし、荷役時間を短縮させるためのかなり踏み込んだ内容が盛り込まれています。

政府が推進するということは、導入にあたって助成金や税制優遇などの支援策が用意されていくということであり、その後実際に、各所で助成や実証実験への公募公告がみられます。これらの取組みに、またとないチャンスが訪れているということです。「隊列走行、自動運転サービスの推進」も対象に入っています。

取引環境の適正化と人材育成も行動計画の一部

「多様な人材の確保」には、労働環境を改善し、女性や高齢者を含む幅広い人材が働ける職場にしていくことでドライバー不足を緩和するということに加え、変革を推進できる人材を育てる、意識づけをするという課題も含まれます。

◎自動車運送事業の働き方改革の実現に向けた政府行動計画◎

❶ 労働生産性の向上

●輸送効率の向上【40項目】

・荷待ち時間短縮の取組み推進

・トラック予約受付システム等の導入促進

●パレット化、スワップボディコンテナ車両の導入支援

・隊列走行、自動運転サービスの推進など

・運転以外の業務効率化など【７項目】

・ＩＴ点呼の拡大、運行管理効率化など

❷ 多様な人材の確保・育成

●働きやすい環境の整備【14項目】

・中継輸送の普及促進、職場環境の改善、ホワイト経営認証等

●運転者の確保【４項目】

・職業訓練、マッチング支援など

❸ 取引環境の適正化

●荷主・元請け等の協力の確保【16項目】

・荷待ち時間削減への働きかけ

・荷主勧告制度の運用強化

・荷主対策の深度化（「荷主配慮義務」）

・「ホワイト物流」実現国民運動の実施等

●運賃・料金の適正収受【３項目】

・標準運送約款改正の趣旨の浸透　など

❹ インセンティブ・抑止力の強化【４項目】

●事業者団体のアクションプラン実現支援

・ホワイト経営「見える化」など

３本目の柱の「取引環境の適正化」には、施策を進めるのに不可欠な荷主等の協力を取りつけること、そして、「適正運賃の収受」があげられています。

5-8 待機をなくし、バラ荷役をなくす荷主と連携したトラック効率化へ

待機時間短縮をめぐる「新しい常識」の定着

待機時間は、運行時間のなかで明らかにムダですが、当然ながら、待たされる立場の運送事業者に、抜本的な改善の術はありません。ただ、ここに確実に変化は起こっています。

待機の実態の記録が義務づけられた2017年７月あたりから、「繁忙日に長時間待機をしていたトラックが、ある時間になったら、労働時間基準を超えるという理由で帰ってしまった」という話が聞かれるようになりました。忙しい日に運送事業者が仕事を投げ出して帰ってしまうなど、これまでは考えられないことでしたが、いまは「**トラックは、あまり待たせると帰ってしまうものだ**」という新しい常識が定着しつつあります。

待機を減らす荷主側の対策として「**予約システムの導入**」があります。事前に予約を受けることで混雑を緩和し、待ち時間を減らすもので、スマホとクラウドシステムの活用により、導入費用は「初期投資は数十万円、運用コストも数万円」まで下がっています。

荷役時間の短縮にもブレイクスルーが生まれている

予約システムさえ入れれば待機がなくなるわけではありません。待機をなくすためには、１台１台の積み下ろし時間を短縮して回転を上げることが不可欠です。そのためにも荷物を１つひとつ手作業で積み下ろしする「バラ荷役」をなくし、パレットに積んでフォークリフトで荷役するという対策が有効です。

ここからは荷主の取組みとなるわけですが、ここでも「最近のトラックはバラ荷役などやってくれない、**パレットに積まないことには運んでもらえない**」という事態が、これまでパレット化が進まな

◎積み下ろし荷役がいらなくなるスワップボディコンテナ車両◎

スワップボディコンテナ車両とは
車体（キャリア）と荷台（コンテナ）を、特殊な荷役機器を必要とせずに、キャリアの標準装備であるエアサスペンションにより、自力で分離することができる車両

（国土交通省「スワップボディコンテナ車両 利活用促進に向けたガイドライン」（2019年3月）より）

かった分野でのブレイクスルーを生んでいます。最近では、「積載率が下がっても回収コストがかかってもやむを得ない、トラックを待たせないことが優先だ」という明確な方針を打ち出し、強い意志をもってパレット化を進める荷主がみられるようになりました。

前項でみた政府行動計画に登場する「スワップボディコンテナ」は、トラックの荷台部分を取り外せるようにした特殊な箱で、入荷時は、そのままトラックから外して倉庫に下ろし、出荷時は、荷主側で積み込みを済ませたものをトラックに載せることができます。

積み下ろしの省力化、時間短縮という意味ではきわめて画期的な新兵器ですが、「トラックなどいくら待たせても気にしなくてよい」というかつての風潮であれば、普及の見込みは薄かったと考えられます。ここへきて注目を集め、本格的に導入する荷主も出てきているのは頼もしいことで、今後の活用が期待されます。

5-9 働き方改革でドライバーや作業者を活性化させる

ドライバーが不安、不満を持つと働き方改革は進まない

「働き方改革」が業界にとって対応不可欠なものであることはいうまでもありませんが、ここで考えておきたいのは、ドライバーにとって働き方改革を前向きの方向に持っていくということです。ドライバーが「長時間労働が減るのはよいが、収入が減るのは困る」というジレンマを抱えてしまうと、時間短縮に対して不安や不満を持つという側面もあります。

ドライバーには、これまでと同じ収入が確保されたうえで長時間労働を改善するということが不可欠なのです。さらにいえば、ドライバー自身が業務改善に取り組んで労働時間を削減した場合に、その成果が会社から正しく評価され、報酬が上がり、「やりがい」に反映されていくのが理想的です。これはドライバーだけではなく、倉庫の作業者やその管理者にも当てはまるテーマです。

時短の風土をつくる北王流通の例

働き方改革に取り組んで成功している物流事業者の事例を紹介しましょう。北王流通株式会社は、東京都北区に本社のある物流会社（社員約400人）で、メインの業務はレストランや学校、オフィスの食堂といった外食産業向けの物流です。冷凍・冷蔵の物流センターから、24時間365日営業で関東全域への配送を行なっています。

北王流通には「労働時間を削減した分を、成果給として手当を支給する」という制度があります。成果給には「**時間短縮手当**」と「**効率改善手当**」の２種類があり、いずれも、改善の効果が評価に組み込まれ、手当に直結するというしくみになっています。

たとえば、ドライバーがルートを工夫して配送時間を短縮した場

◎働き方改革をドライバー・作業者の「やりがい」に結びつける◎

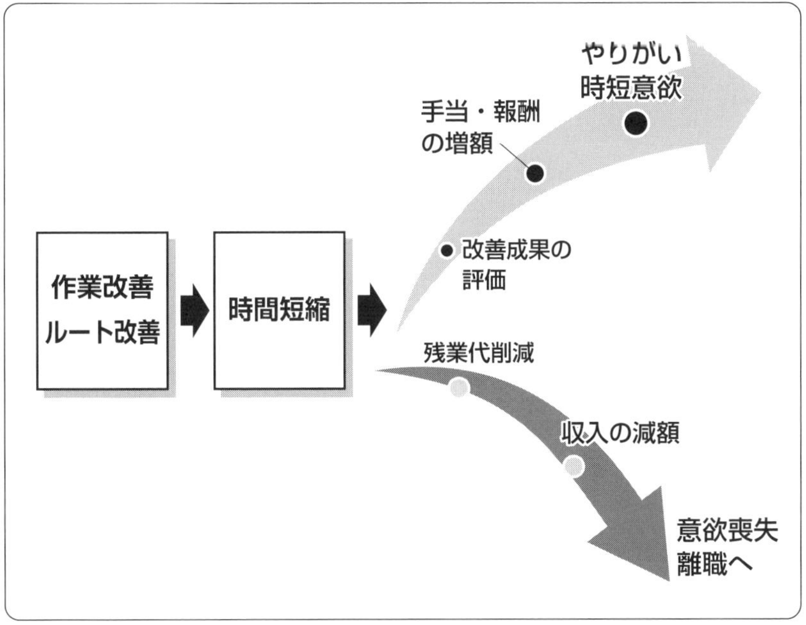

合や、倉庫作業者が作業を工夫してより短時間で作業を終わらせた場合などに、その成果を数値で明らかにしたうえで、一定の算出式にもとづいて手当に還元していくのです。

これらの手当の導入以前には、業務の規模が拡大するなかで従業員の不満がたまり、離職率が高まり、仕事の生産性が落ちるという苦しい時期がありました。社員に成長の機会を与え、改善や成長を評価し、フィードバックして「やりがい」を育てようとする施策の一部として、２つの手当が編み出されたのです。

「社員にせよ、パートタイマーにせよ、『長時間働くほど報酬が高い』という評価制度だけでは、改善の風土を根づかせることはできない。逆方向の制度が必要だ」と、同社の役員は語っています。

２つの手当は「早く終わらせて給料が上がるなら、工夫のしがいがある」と改善へのモチベーションになり、若手社員からも「プライベートな時間が増えるのはありがたい」と歓迎されています。

5-10 新たな期待を担うモーダルシフト

 ドライバー不足対応のなかで関心が高まる

歴史的にみれば、かつての企業物流の担い手の主役は、トラックではなく船と鉄道でした。トラックが主役になったのは、「モータリゼーション」という言葉が使われた高度成長期以降のことです。両端で積み替える手間がいらず、ドアツードアで顧客に直接届けられるトラックの利便性が、荷主の心をとらえたのです。

これに対して、20世紀の終わり頃から、「何もかもトラックで」というやり方を見直し、船や鉄道で運べるところは船や鉄道で運ぼうとする「**モーダルシフト**」がいわれるようになりました。

輸送手段のことを輸送「モード」といいますが、トラックという輸送モードへの過度の依存をやめて、他のモードにシフトしようということです。当初のモーダルシフトへの問題意識は、環境負荷の軽減が国際的な課題となったことに対応するものでした。

最近ではこのモーダルシフトが、ドライバー不足への対応策としての期待を持たれています。トラックを確保できない部分は、大量輸送機関である鉄道、船を使ってカバーしようということです。

 モーダルシフトは荷主の物流効率化を推し進める

これまで、モーダルシフトのネックとなってきたのは「荷主がトラックの利便性から離れられない」ということでした。前後に積み替えが入ることで輸送のリードタイムは長くなるうえ、船や鉄道は定時出発するので時間の遅れは決して許されません。「原則としてパレット利用」のような制限がかかる場合もあります。トラックのほうが速くて融通が利くのは、間違いのないことでした。

しかし考えてみれば、定時出発やパレット荷役は効率的な物流の

◎モーダルシフトを支援する国の施策◎

主　体	名称等	内　容
(公社)全国通運連盟	鉄道コンテナ輸送お試しキャンペーン	鉄道利用を検討する際に料金の8割を負担する
(公社)全国通運連盟	グリーン物流推進支援事業助成（コンテナ取得支援）	大型トラックからのモーダルシフトが容易な31ftコンテナ製作費を一部助成する
(一社)環境共創イニシアチブ	エネルギー使用合理化事業者支援事業	省エネルギーへの取組みについて、設備導入関連費用を補助。単独事業ならば費用の３分の１まで。エネマネ事業者を活用する場合は２分の１まで。１件あたり上限20億円
国土交通省（総合政策局物流政策課）	モーダルシフト等推進事業（継続予定）	モーダルシフトの実施に伴う運行経費または機器等導入費の２分の１まで補助する。次世代型モーダルシフトを優先。

ために本来的に必要な条件です。リードタイムにしても、輸送のスケジュールに関係なく「なんでも翌日午前着」のように決めることに合理性はありません。モーダルシフトの制約条件を排除することは、物流を本来あるべき姿に戻すという意味を持っているのです。

最近ではドライバーの労働時間制約からトラック輸送のリードタイムも長くなっており、荷主はこれに対応する方向で物流のしくみを見直しています。そのなかで、モーダルシフトを取り入れることで輸送手段の選択肢を広げ、運べないリスクを軽減していこうとする検討が多くみられ、国もこれを支援する施策を打ち出しています。

船や鉄道の利用運送の部分でも人手不足は深刻で、輸送能力が潤沢ではないという問題はありますが、モーダルシフトには「持続可能な物流」を支える一要素としての期待がかかっているのです。

人にやさしい物流センター

物流業務は「３Ｋ」といわれていたことがあります。キツイ・キタナイ・キケンの頭文字をとって３Ｋなわけです。

物流現場をよくみれば、現在、キタナイ現場はあまりありません。物流されたものはお客様に届けられます。お客様にキタナイものを届けるわけにいきませんから、現場もきれいにされています。

キツイについては、残念ながら、作業負荷の大きい現場は依然として多い状況です。また、作業負荷が大きいということは、たとえば重量物の扱いが多いといったことで、キツイとキケンはほぼ裏返しといってよいでしょう。

キツくてキケンな状況のままでは、十分な人手を確保し続けることは困難です。いま、物流現場において、人にやさしい工夫がみられるようになってきました。

工夫のパターンはいくつかあります。ひとつには、大きな作業負荷をなくすもの。「重い物を持ち上げる」は重労働です。人が「持ち上げる」作業をなくす工夫をすれば、キツイ・キケンは大きく改善されます。

パレットやケースが、いつも人が作業しやすい高さにあるような設計は、ヨーロッパでは以前から当然の取組みです。現状の作業現場を改善するならば、作業中にしゃがむとか腰をかがめるといった姿勢が発生している場面を探し、そこを改善できないかというアプローチが有効でしょう。

持ち上げる作業が避けられないならば、アシストスーツのような、作業を楽にしてくれる支援装置を利用するのも１つの解決策です。

繰り返しの力作業があるならば、人手で行なうのをやめ、ロボットに任せるという方法も考えられます。横持ち作業を肩代わりしてくれるロボットは、すでに実用化されています。

6章

物流センターにおける自動化とＡＩ、ＩoＴ、ロボット活用の動向

Physical Distribution
&
Logistics

執筆◎内田 明美子

6-1 知能化された自動化機器が物流センターに入ってきた

「物流自動化」は活況のテーマ

ＩＣＴ（Information and Communications Technology：情報通信技術）、ＡＩ、ＩｏＴなどの新技術が身近なところで活用されるようになり、私たちの日常生活を変化させています。

物流の世界でも、自動化の話題は活況です。トラックの自動運転や隊列走行はドライバー不足解消の切り札として期待され、物流センターでは棚が走る「Butler」やバケットを積み重ねた「Auto Store」のような新タイプの**自動倉庫**が登場しています。ピッキングや荷役をする**ロボット**、自律走行する**無人搬送車**（Automated guided vehicle：ＡＧＶ）など、新技術によって知能化された賢い自動化機器が無人で作業をするデモンストレーション動画を、私たちはネット上で豊富に観ることができます。

日本ロジスティクスシステム協会が毎年調べている「物流システム機器生産出荷統計」によると、2018年度の物流機器の国内出荷金額は5,859億円で、前年比27％増という高い伸びになりました。この調査の機器分類では、特に「台車系（ＡＧＶを含む）」と「仕分け機」の伸びが目立っています。

自動化のインパクトを使う立場の目線から考えてみよう

自動化物流センターで多く話題になるのは、アマゾンをはじめとするＥＣ（Electric Commerce）の専用倉庫です。たしかにＥＣ企業は物流自動化投資に積極的ですが、ＥＣ物流は物流のなかでは特異な分野です。物流量が大きく伸び続け、消費者の感性に訴えるために「当日配送」「数時間内配送」のような納期短縮競争が繰り広げられる状況にあります。これは、国内物流の大半を占めるＢ to

◎物流機器の2018年度出荷は27%増◎

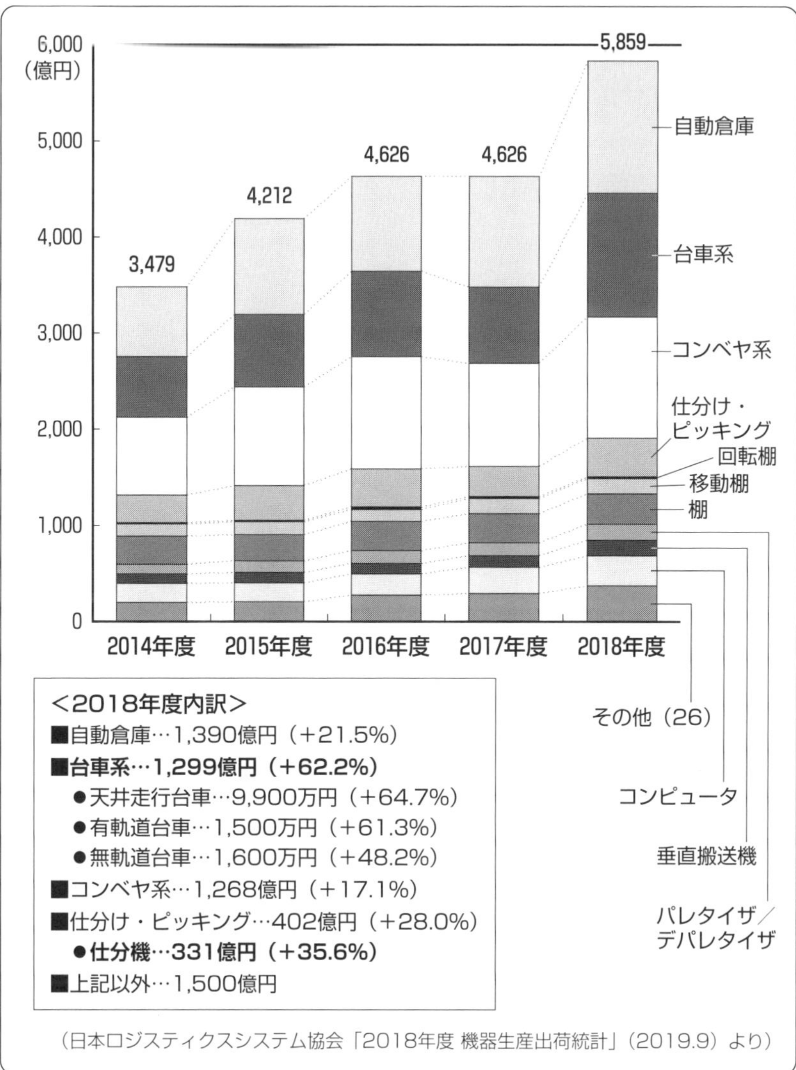

（日本ロジスティクスシステム協会「2018年度 機器生産出荷統計」（2019.9）より）

Bの物流とは異質な世界なのです。

この章ではB to B物流センターの自動化に焦点を当てて、自動化が物流センターに与えるインパクトを、使う立場の目線から考察していきます

ＡＧＶとロボットの進化が物流自動化を変えている

これまでの自動化は変化対応がネック

「人がなるべく歩かず、考えずに作業できるようにする」ということが、倉庫の自動化の普遍的な課題です。これまでの自動化では、人の動線に沿ってベルトコンベアを敷き、棚にクレーンの付いた自動倉庫を設置して、人の動きを機械で代替することで、この課題をクリアしてきました。

ここでの弱点は、設備が固定的でレイアウト変更が簡単でないこと、人手作業との共存が苦手であることです。自動倉庫のなかに人が入って作業することは決してできませんし、ベルトコンベアはフォークや台車の動きを制約します。

このため、自動化設備の保管や出庫の能力の大部分は、最初の設計段階で決まってしまいます。この時間だけ入庫能力を高めたいなどと望んでも難しく、商品のアイテム増のような変化に対応するのも苦手です。これらは多くの「自動化の失敗」を生む原因となってきました。

キーワードは「フレキシブルな自動化」

これに対して、新しい自動化の主役は、「**進化した無人搬送機（ＡＧＶ）**」と「**ロボット**」です。コンベアがＡＧＶに、自動倉庫のクレーンがロボットに置き換わることで、「固定的で重装備」な自動化が「フレキシブルで軽装備」へと変わりました。

ＡＧＶもロボットも、コンパクトで軽装備になり、かつ、新技術によって高性能になっています。これらの機器は**ＩｏＴ**（モノのインターネット化）と呼ばれる技術で進化したセンサーの「目」を持っており、その動きは知能化されています。従来の作業場に入って

◎自動化の新しい主役はＡＧＶとロボット◎

これまでの自動化の主役

ベルトコンベア + 自動倉庫（クレーン付き）
◆設備・能力が固定的、レイアウト変更は苦手
◆人手作業との共存は苦手（例：自動倉庫から人が出荷するのは難しい）
➡ 変化対応が苦手

自動化失敗の原因に

新たな自動化の主役

進化したAGV（無人搬送機）＋ ロボット
◆コンパクトで軽装備、変更・拡張が容易
◆「目」がついていて自律的、人手作業と併用できる（IoTの威力）
◆設定次第でさらに能力アップの可能性が大きい（データ蓄積、AI活用）
➡ 小さく入れて大きく増やす、変化対応の可能性大

人と一緒に作業できたり、１台から導入して後から増やせたりするものもあります。大量のログデータを活かして設備の設定（チューニング）を最適化し、「自動的な改善」を積み重ねていけることも、新しい自動化機器の特徴です。

次項以降で、これらの進化のポイントを、実際の導入事例で具体的にみていきましょう。

6-3 進化した各種AGVが活躍するトラスコ中山の自動化

自動化機器が結集した「プラネット埼玉」

トラスコ中山株式会社は、全国の工場や建設現場に向けて、工具、機械、作業用品、消耗品などを幅広く提供する、年商2,142億円(2018年12月期)の専門商社です。物流に力を入れてきた会社で、「プラネット」と呼ぶ基幹物流センターを全国17か所に設置し、作業者もドライバーも直接雇用して自家物流を行なっています。

埼玉県幸手市で2018年10月に稼働した「プラネット埼玉」は、最新鋭の自動化設備を取り揃えたもので、「ロジスティクス・ワンダーランド」とも呼ばれています。

各種設備をベルトコンベアとＡＧＶでつなぐ

新タイプの自動化機器として「Butler」「AutoStore」の２つが入っており（右ページ写真の①、②）、このほかに、従来型のクレーンが付いた「バケット自動倉庫」「パレット自動倉庫」も設置されています（写真③、④）。さらに、自動化されていないパレット棚(写真⑤）と平棚も使われていて、床面積でいえば自動化されていない倉庫が約半分を占めています。

物流センターは４階建てで、天井の高い１階と４階にAutoStoreと自動倉庫、パレット棚を置き、平棚とButlerは普通天井の２階、３階に置いています。各倉庫は天井搬送型で高速仕分け機のついたベルトコンベア（システムストリーマー：ＳＡＳ。写真⑥）でつなげられ、自動化されていない倉庫とコンベアは最新型のＡＧＶがつないで、作業者の「なるべく歩かない作業」を支援しています。

トラスコ中山はこれらのマテハン機器に、総投資額200億円のうち26億円を投じたことを公表しています。

◎トラスコ中山埼玉プラネットの物流設備◎

<table>
<tr><td>4階</td><td>⑤パレット棚
（電動式）</td><td colspan="2">②Auto
Store</td><td>④パレット
自動倉庫</td></tr>
<tr><td>3階</td><td colspan="2">平棚</td><td rowspan="3">⑥
SAS</td><td>平棚</td></tr>
<tr><td>2階</td><td colspan="2">平棚</td><td>①Butler</td></tr>
<tr><td>1階</td><td colspan="2">③バケット
自動倉庫</td><td>（仕分け場）</td></tr>
</table>

（資料提供：トラスコ中山）

ここでは「Butler」「AutoStore」とＡＧＶにフォーカスして、機器の特徴と導入効果をみていくこととします。

6-4 ＡＧＶが棚を連れてくる「Butler」

 ピッキングの常識を覆した「棚ＡＧＶ」

棚の下にコンパクトなＡＧＶがもぐりこんで作業者のところに連れてくる「Butler」は、深化したＡＧＶの姿を最もわかりやすく印象づける、新しい自動化機器です。

棚が走れば、倉庫のなかで「何がどこに置いてあるか」が流動的なものになり、人の動線はゼロになります。「商品は置き場所で認識させる（ロケーション管理）」「作業効率は人の歩く距離で決まる」というこれまでのピッキングの常識が、大きく覆されたわけです。

ButlerのＡＧＶは上位系のシステムの指示を受けて動き、必要な棚を自動的に次々と運んできます。作業者は動かず、何か指示を出す必要もなく、ステーションのモニター画面の指示に従って目の前の棚から商品を取り出すだけでピッキングが完了します。入庫も同様のしくみで行なわれます。

人手作業の３倍の生産性の実現を、ＡＩが支援する

プラネット埼玉では、２階の800坪ほどのスペースに専用棚1,380台を置き、棚ＡＧＶ73台と６つのステーション（作業所）を配備しています。棚には最大で７万アイテムを置く、つまり、１棚に平均で50アイテム弱を置く計画です。

作業効率は１人時あたり180件の出庫能力を見込んでいます。これは、同じスペースを人が歩いてピッキングする場合の約３倍です。ただし、Butlerの実際の作業スピードは「棚に何を入れるか（棚割り）」と「その棚をどこに置くか」で変わります。人の動線はゼロになる代わりに棚が動くので、棚の動線を短くする必要があるわけです。また、ステーションでは顧客１軒ずつではなく、複数先のオ

◎「Butler」とは◎

■ロボット数　73台　■ステーション数　6個

■棚数　1,380台

棚寸法　1m×1m×2.4m

最大荷重　500kg

■在庫可能アイテム数　30,000sku

■入出庫能力目安　70件／H（1ステーション）　商品によって異なる

（資料提供：トラスコ中山）

ーダーをまとめてピッキングするので、このオーダーのまとめ方も効率化の重要なポイントとなります。

ここでButlerが強いのは、過去の商品の置き方と棚の動きがすべて、データとして残っていることです。データさえあれば、棚の動きを最小化する棚配置や入出庫所要時間を最小化する商品の「棚割り」をシミュレーションでき、これはＡＩの得意分野です。

Butlerの販売代理店のGROUND社は、ＡＩを活用した「拠点内在庫配置の最適化（Dynamic Inventory Allocation）」について、トラスコ中山と共同研究で改善ツールの開発を進めています。

6-5 通路なしの高集積バケット倉庫「AutoStore」

通路なしで積み重ねたバケットをＡＧＶが吊り上げる

プラネット埼玉のもう１つのロボット倉庫であるノルウェー生まれの「AutoStore」も、その革新性の源泉はＡＧＶの進化にあるといえます。

AutoStoreでバケットを運ぶＡＧＶは、「グリッド」と呼ばれる細身のレールをつかんで、縦横に高速で動きます。バケットを隙間なく積み重ねた集積のなかから目当てのバケットを吊り上げ、集積の最上面を走って、作業者のいるステーションに送り込みます。このバケットＡＧＶの能力が、通路なしの「超高密度収納」を実現させたわけです。集積度は通常の保管の３～４倍、そして、人がまったく歩かないピッキング作業の効率は従来の４倍と見込まれています。

グリッドはバケット16段積み（約5.2m）を最大としてアレンジでき、スペースに合わせた形状で配置できます。固定設備ではありますが、増設やレイアウト変更がしやすく、ＡＧＶとステーションの数を増やして能力を増やせることも柔軟性が高いといえます。

パフォーマンスの最大化へ向けた改善も「自動的」

AutoStoreにおいても、作業スピードを最速化するには、バケットへのアイテムの入れ方と各バケットの置き場所、そして、同時にとらせるオーダーの組み合わせがカギになります。

ここでも、AutoStoreのコントローラーに残る膨大なデータが、最適化へのカギを握ります。「待ち」が発生しているならばそれはどこか、人が遅いのかＡＧＶが遅いのか、データを解析すればすべて判明するわけです。さらに、バケットに商品を混載するならばそ

◎「AutoStore」とは◎

■ロボット数　16台　　■ステーション数　4個

■バケット数　7,930個

バケット寸法　W449×L649×H330

バケット最大荷重　30kg

■在庫可能アイテム数　77,000sku

■入出庫能力　120件／H（1ステーション）

（資料提供：トラスコ中山）

の組み合わせ方を変えてバケットの動きを最小化できないか、バケットの配列をあらかじめ変えておいて時間短縮できないか等、シミュレーションの可能性は多様です。

バケットの配列変更はＡＧＶが行ない、現場に作業負担はかかりません。ここも重要なポイントです。数字をベースとした改善を「自動的に」進められることが、AutoStoreの最大の利点なのです。

6-6 自動化は人の仕事の「やりがい」を高める

人は人にしかできない仕事をする

トラスコ中山では、自動化を進めるうえで「人は作業に汗をかくのではなく、機械をうまく使うことに汗をかいてほしい」という方針が明示されています。機械にできることは機械に任せ、人は人にしかできない仕事をするべきだという基本理念があるわけです。

AutoStoreやButlerのシステムに蓄積される膨大なデータを解析してパフォーマンスを上げるチャレンジは、まさに、人にしかできない仕事といえます。まだそのノウハウがどこにも確立されていない先進的な分野でもあり、やりがいのある仕事に違いありません。

トラスコ中山では物流部門の社員が「この分野の専門家になれ」と期待をかけられており、販売業者との共同研究が進んでいます。

倉庫の使い分けにも「人が汗をかく」

各種の倉庫をどう使い分けるかも、データ解析を伴う重要なテーマになります。トラスコ中山では稼働前から綿密に、商品を「サイズ」と「出荷頻度」で区分する基準づくりをすすめてきました。

考え方としては、AutoStoreやButlerに入れるのは、サイズ的にも出荷頻度も「中庸」の商品です。出荷頻度が極端に高いものと低いものは自動化された倉庫には入れません。細かい小物はバケット自動倉庫と平棚へ、大物はパレット倉庫へ、中物ではAutoStoreのほうがButlerよりも小さめのものを担当します。

サイズと頻度の区分は、右ページ図にみるように、具体的な数値で明確に定められています。商品をどの倉庫に入れるかは完全に「自動的に」判断されるのです。ここで重視されているのは「人の判断が入ってしまうと、区分方法と結果（保管・作業効率）の因果関係

◎プラネット埼玉の倉庫使い分け基準の概略（稼働時）◎

		頻度ランク			
		A超高頻度	B高頻度	CD中頻度	EF低頻度
サイズ区分	小物（バケット可）	平棚	バケット自動 バケットサイズ 幅67×奥行34×16(小)・30cm		平棚（上段）
	中物（バケット可）	AutoStore バケットサイズ65×45×33cm			パレット棚／平棚
	中物（平棚）	Butler専用棚 1m×1m×2.4m			
	大物	パレット棚	平棚／パレット自動		パレット棚
	特大		パレット自動		

サイズ区分（＊1）

定型品			
	小物（バケット可）	幅152×奥行143×高さ128以下（小小）、237以下（小）	バケット自動・AutoStore上限
	中物（バケット可）	小物の幅・奥行２倍まで	
	中物（平棚）	0.025m³以下・最長辺492以下	Butler上限
	大物	幅492×奥行334×高さ307以下	パレット上限
	特大	1100×1100×1000以下	
定型外		上記以外	

（＊1） 商品１ユニットのサイズで区分。保管量の多い商品は、ワンランク上のサイズの棚に入れる

頻度ランク（＊2）

A	超高頻度	出荷件数累積シェア37.9%まで
B	高頻度	78.3%まで
C	中頻度	92.0%まで
D		96.6%まで
E	低頻度	100%まで
F		出荷なし

（＊２） 頻度区分方法
- 商品を直近６か月の出荷件数の多い順に並べ、累積件数のシェアが37.9%までをＡランク、78.3%までをＢランクのように分けていく。
- １件も出荷のなかった商品はＦランク、出荷実績の少ない新商品はＺランク（投入時はＡランク扱い）
- ランクは１か月ごとにデータを更新して見直し

（ヒアリングにより著者作成）

がわからなくなる」ということです。自動的に分けるからこそ、結果を分析して基準値を変えることで改善できるわけです。この分析と改善も、人が汗をかく仕事ということになります。

トラスコ中山において、自動化は、「**仕事のやりがいを高める**」ということに大いに貢献しているといえましょう。

6-7 従来作業を支援するさまざまなＡＧＶ

「普通の棚」エリアで活躍する「かご車ＡＧＶ」

ここまで、最新型の設備を見てきましたが、プラネット埼玉では旧来の「平棚」「パレット棚」も置かれており、床面積では全体の約半分を占めます。旧来の棚への入出庫は、人がフォークリフトと台車で行なっていますが、ここでも進化したＡＧＶが活躍しています。

３階の平棚エリアを例に取ると、かご車搬送ＡＧＶ３台が区画ごとの集積所の間を結び、満杯になったかご車を垂直搬送機まで自動搬送します。人が歩くのは担当する棚と集積所の間だけです。

ここで使われているＡＧＶの進化のポイントは、３台が１つのコントローラーのもとに集中管理されていることです。作業者から呼ばれたときにどのＡＧＶが行くか、一仕事終えた後にどこで待機するか、作業者の待ち時間がトータルで最小化されるようにコントロールされているのです。

さらに、行先設定をタブレットから簡単に行なえる、高さの違うかご車に自動対応する、充電も自ら行なうなど、使い勝手のよさも工夫されています。

導入が手軽な「追随型ＡＧＶ」

プラネット埼玉では使われていませんが、倉庫内で作業者や前の台車に「ついていく」形で自走する「追随型ＡＧＶ」について、少しだけご紹介しておきましょう。

追随型ＡＧＶを使うと、１人の作業者が２台の台車を無理なく連れて（１台は手で引いて、もう１台は追随させて）ピッキングしたり、バースまで台車を移動させたりできるようになります。発信機

◎「かご車ＡＧＶ」と「追随型ＡＧＶ」◎

かご車ＡＧＶ

追随型ＡＧＶ

を作業者が身につけてハンズフリーで作業したり、自律走行型のＡＧＶに追随させて「隊列走行」させるといった使い方も可能です。

追随型のＡＧＶは、上位システムとの連携が必要ないところから、手軽に導入できるツールとして普及が進んでいます。

6-8 人手作業が残る部分はどこか

 自動化の全体効果は作業者を500人から200人へ

ここまで見てきたプラネット埼玉の自動化について、非常に簡略化した形ではありますが、「倉庫の業務全体のなかで、何が自動化されたか」を整理すると、右ページ図のようになります。

もしもプラネット埼玉が自動化を実施せず、これらの作業を人海戦術で行なうとしたら、フル稼働時には500人の作業者が必要になると試算されていました。自動化により、作業者の人数を200人に抑えられると見込まれています。

人手作業が多く残っているのは「入庫」の部分です。プラネット埼玉では、「ここで手間をかけて、すぐに出庫できる形状にしてから入庫する」という方針をとっていることもあり、入庫エリアは一番、人の多いエリアになっています。

入庫後の工程では、「ものを取り出す／入れる・置く」という作業が、いまは人手です。この部分を自動化するには、このあとに見るアームのついたピッキングロボットが必要になります。

 自動梱包機で最終工程を無人化

プラネット埼玉の最後に、**梱包の自動化**について触れておきたいと思います。センターの各エリアからピッキングされた商品がシステムストリーマー（コンベア＋仕分け機）で集約され、顧客別に最終検品をして段ボールに入れるところは人手作業です。しかし、このあとの荷造り工程には人はいません。

プラネット埼玉が入れている自動梱包機「I-Pack（アイパック）」は、中身の商品の高さを自動計測して段ボールの耳を折り、ふたをかぶせて封かんします。納品書の挿入、荷札の貼付け作業も自動で

◎プラネット埼玉の自動化の全体像◎

<table>
<tr><th colspan="2"></th><th>普通棚</th><th>自動倉庫</th><th>Butler・AutoStore</th></tr>
<tr><td colspan="2">荷下ろし</td><td colspan="3">人手作業</td></tr>
<tr><td rowspan="4">入荷</td><td>箱開け・流通加工</td><td colspan="3">人手作業</td></tr>
<tr><td>仕分け・搬送</td><td colspan="3">ベルトコンベア・AGV（載せるのは人）</td></tr>
<tr><td>格納</td><td>人手作業</td><td colspan="2">商品投入は人、ロケ格納は自動</td></tr>
<tr><td colspan="2">保管・荷繰り</td><td colspan="2">人手作業</td><td>システム＋人</td></tr>
<tr><td rowspan="4">出荷</td><td>ピッキング</td><td>人手作業</td><td colspan="2">ロケからの搬出は自動、商品取り出しは人</td></tr>
<tr><td>移動・仕分け</td><td colspan="3">ベルトコンベア・AGV（取下ろし、最終集約は人）</td></tr>
<tr><td>梱包</td><td colspan="3">自動梱包機</td></tr>
<tr><td>荷揃え</td><td colspan="3">ベルトコンベア（下ろすのは人）</td></tr>
<tr><td colspan="2">積込み</td><td colspan="3">人手作業</td></tr>
</table>

（ロケ：ロケーション）

行なわれます。このほかに、定型外の大物商品のために、商品の縦・横・高さを計測してジャストサイズの箱をその場でつくりあげる「ＢＯＤ（ボックスオンデマンドシステム）」も導入されています。

自動梱包機の導入効果は、作業省力化と合わせて箱のすき間がなくなることで運賃が節約されること、「多種サイズの段ボール箱の板紙を在庫しておく必要がなくなる」ということもあります。資材管理が大幅に省力化・省スペース化されるわけです。

6-9 ピッキングロボットの導入に力を入れるパルタック社の自動化

自動化機器の特許も持つ物流先進卸

日用雑貨卸で首位のパルタック社は、2018年度に売上１兆円を突破し、全国17か所の大型物流拠点であるＲＤＣ（Regional Distribution Center）を柱とする物流ネットワークの強化に積極投資をしている会社です。

かねてから物流の自動化にも熱心で、「ピッキング棚の物品補充装置（オートリフター）」「オリコン仕分けロボット」「物品仕分けシステム（RF-MAST・タネマキ）」等、数々の自動化機器の特許を保有していることが、ホームページで紹介されています。

各種の最新アーム型ロボットが集う「ＲＤＣ埼玉」

2019年11月に稼働した埼玉県杉戸町の「ＲＤＣ埼玉」では、「ものを取り出す／積む・置く」作業を自動にするアーム型のロボットが、数十台という規模で導入されました。

アーム型ロボットは、棚から独立して配置でき、人と並んで作業でき、ケースやバラ品を直接つかんで「取り出す／入れる・置く」という動作を行ないます。これまでの荷役自動化を担ってきた「クレーン付き自動倉庫」より格段にフレキシブルで、拡張性の高い設備だといえます。

これまでのロボットは、あらかじめ教えられた動きしかできず、かつ、その動きを「教える」のにはたいへんな手間がかかりました。たとえば、段ボールのケースを「取り出す」という動きを教える場合、ケースの縦横のサイズに応じてつかみ方を教え、高さに合わせて持ち上げ方を教え、重さや商品の特性に応じた動かし方を教え、置く場所の高さに応じた置き方を教えなければなりません。教える

◎パルタックＲＤＣ埼玉の最新ロボット３種◎

①ケースローディングロボット（日本MUJIN社）
- ●モーション・プランニングAIによるティーチレス・ロボット
- ●３ウェイの取り下ろし・積み付け（パレット、かご車、コンベア）を行なう

②ケースピッキングロボット（日本Kyoto Robotics社）
- ●ロボットビジョンによる画像処理でモノを識別、マスターレス化実現

③ピースピッキングロボット　rightpick（米国RightHand Robotics社）
- ●ロボットが人と協業

べき条件を整理するだけでも大変で、基本条件を教えるのに半年も１年もかかりました。条件が少しでも変われば、新たに教え直す必要があったのです。

これに対して、ＡＩ、ＩｏＴ技術を活用した最新型のロボットは、物流現場での導入しやすさ、使いやすさという点において、画期的な進化を遂げています。

次項以降で、ＲＤＣ埼玉で採用されている３種類のロボットを具体例として、進化のポイントをみていきましょう。

6-10 ティーチレスで動くケースローディングロボット

汎用ロボットコントローラーメーカーのMUJIN社

MUJIN社は2011年創業の日本企業で、ＡＩを活用した知能的で汎用的な（いろいろなメーカーのロボットを組み合わせて使える）ロボットコントローラーの開発によって、世界中から注目されている技術系ベンチャー企業です。

MUJIN社のコントローラーが物流現場にもたらした技術革新のキーワードは「**ティーチレス**」です。ティーチレスとは、「このケースをどうやってつかむか」「どのように置く（積む）か」ということについて、あらかじめ教える「ティーチング」が必要なく、ロボットがカメラに映るケースや置く先の形状から最適な動き方を判断できるということを意味します。

物流現場の自動化に適した「モーション・プランニング」

ティーチレスを可能にするものはＡＩですが、核となる技術はよく知られている「ディープ・ラーニング」ではなく「**モーション・プランニング**」と呼ばれる技術です。

モーション・プランニングでは文字どおり、最適な動作を与えられた条件から演繹的に「計画」します。膨大なデータの蓄積から帰納的に答えを出すディープ・ラーニングよりも、データの蓄積が不要である分、立ち上がりが早く、応用が効きます。取扱品が多様で、非定型的な動作が多い物流現場の自動化に適した技術といえます。

ＲＤＣ埼玉に投入されたケースローディングロボットは、「パレット」「かご車」「コンベア」の３ウェイで、「そこから取る」「そこに置く（積む）」の両方向のケース荷役を行ないます。

形状の異なるケースやオリコンを、ムダな空間をつくらず、荷崩

◎ケースローディングロボットとは◎

れしないようにパレットやかご車に積む作業は、人間にとっても簡単ではなく、熟練を要するものです。慣れない作業者は何度も積み直し・手直しを行なうのが普通ですが、モーション・プランニングが実装されたロボットは、まるで熟練作業者のように、粛々と見事な積み付けを行ないます。

2018年稼働のＲＤＣ新潟で試験導入され、改良を重ねたロボットが、ＲＤＣ埼玉で本格導入されています。

6-11 マスターレス対応のケースピッキングロボット

ビジョンセンサーが「マスターレス」を実現

２つめに紹介するのはやはり日本製のロボットで、ケースピッキングを「**マスターレス**」（マスター登録なし）で実施できるものです。

通常、機械が商品を認識する方法として、最も一般的な方法は「商品のバーコードを読む」というものです。ケースピッキングであれば、パレット等に混載されたケースのバーコードを読み取り、出庫指示のかかっている商品を選び出して取り出すわけです。

ここでは当然ながら、コードが商品マスターに登録されていることが必要条件になります。さらに、商品の認識だけでなく「取り出す・置く」作業をロボットにやってもらうためには、ケースの３寸法（幅・奥行き・高さ）や重量、ケースの把持位置（つかみ方）などの情報も必要です。卸業界では取扱いアイテム数が数万に及び、激しく改廃されます。これらの情報をすべて正確に事前登録するのは容易ではなく、自動化のネックとなっていました。

「マスターレス」のロボットは、ロボットの「目」（**ビジョンセンサー**）がとらえた形状から商品を特定するとともに、つかみ方、置き方も判断します。むろん、商品マスターがまったく不要になるわけではありませんが、マスター登録は形状を撮影して読み込むだけでよいので、登録作業そのものがほぼ自動化できることになります。

数量検品が要らなくなる可能性

ロボットピッキングの利点としてもう１つ、「ロボットは正しい数量を取る」ということがあげられます。

人がピッキングする場合、商品の正しさはバーコード情報の照合で担保されるものの、数量の正しさのチェックは困難でした。確実

◎ケースピッキングロボットとは◎

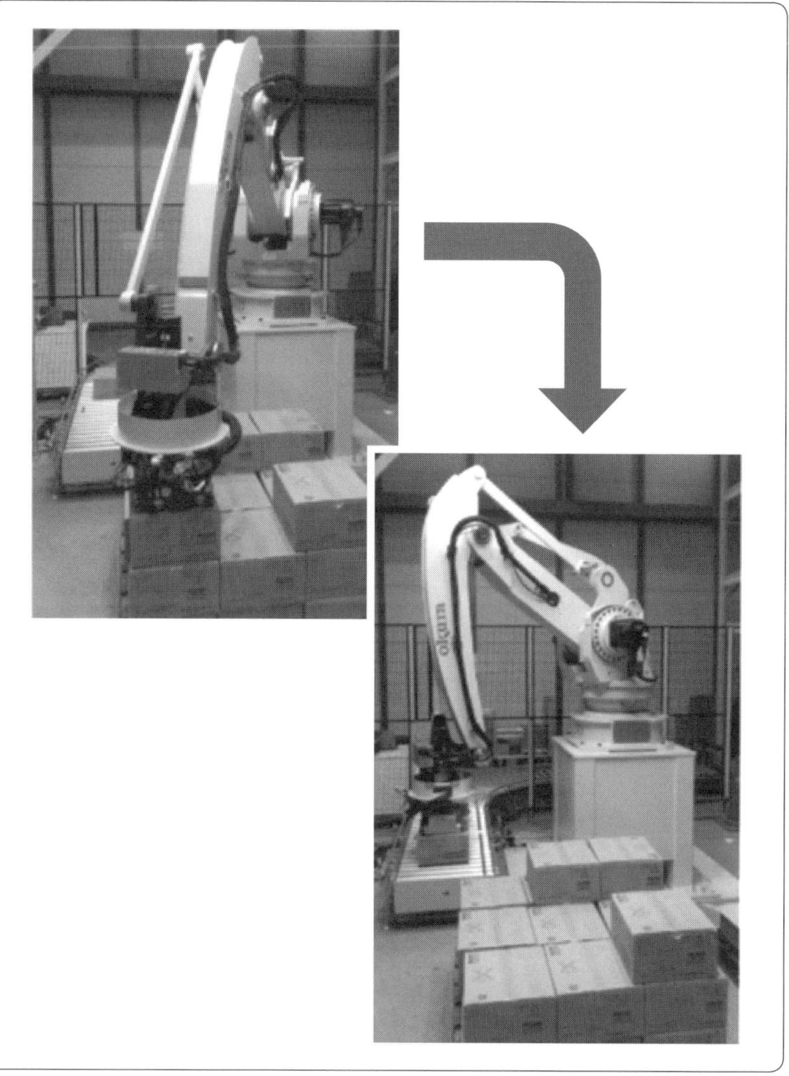

にチェックできる方法は、「重量検品」くらいしかなかったのです。

ロボットであれば、人間よりもアームの動きが確実に数量に結びつきます。ピッキング後の「検数」が不要になる可能性が高まるといえます。

6-12 人と役割分担できるピースピッキングロボット

ピースピッキングにもロボットが参加

ＲＤＣ埼玉では、ピースピッキングを自動化するロボットも10台導入されています。

「RightPick」と名づけられた米国製のもので、「吸盤」と「つかむ指」を併せ持つグリッパ（手）によって、多様な形状の細かい商品を確実に、１個ずつ、高速でピックしていきます。マスターレス、ティーチレスに相当する機能も備えています。

このピースピッキングロボットが、稼働後にどのように使われるのか、現時点で詳細は公表されていませんが、デモ映像で印象的なのは、人が作業する場所で、ロボットが人と同じように作業している光景です。

「人との協業」がロボット導入の障壁を下げる

ロボットが「ロボット専用」の作業環境を必要とせず、人と同じ作業場で作業できることは、ロボットの使い方の可能性を大きく広げるものです。

ロボットがオールマイティではなくても、「ロボットが苦手な作業は人がフォローする」という協業ができますし、たとえば、「夜間作業はロボットに任せる」「高いところから取る作業だけロボットにやってもらう」といった使い方も工夫できるでしょう。

ピースピッキング以外でも、「重いものはロボットに荷役してもらう」「破れやすい袋を専用のグリッパ（手）で取ってもらう」というように、「人が苦手な作業をロボットにやってもらう」という役割分担の可能性も出てきます。これらは、ロボットの実用性を高めるとともに、導入の障壁を下げ、導入効果を確実にする要素であ

◎ピースピッキングロボットの「Rightpick」◎

るといえましょう。

たとえば、MUJIN社のホームページには、深夜に到着する多品種の段ボールを無人で自動倉庫に入庫させているロボットの事例が紹介されています。ロボットは、ランダムに積まれた段ボールを、ＱＲコードを見つけ出して読み込み、商品を破損しないように力覚センサーでつかみ方をコントロールしながら移動させ、適宜持ち替えながら積載効率を最大化するようにバケットに積み付けます。これまで深夜に４人で行なっていた作業が自動化されて、作業者は夜間作業から解放されたのです。

6-13 新しい自動化の必要投資規模はどのくらいか

 ロボットの本体価格は１台数百万円

これまで見てきた機器について、事例紹介のなかでは価格の情報を載せていませんが、以下に可能な範囲で、必要投資規模の概略を整理しておきたいと思います。

まず、AutoStoreやButlerの場合、投資は「ＡＧＶ」「システム・コントローラー」「ハード（AutoStoreはグリッドとバケット、Butlerは専用棚）」の３つを合わせた金額になります。AutoStoreの場合、最小規模で２億円（バケット数5,000）、標準規模は7.5億円（バケット数30,000）が目安とされています。

パルタックが導入しているケースローディングロボット（MUJIN）のような先進的なロボットも、本体価格は１台数百万円で、これにシステム開発費用を加えると1,000万円規模の投資になります。システム費用が割高になるという問題はあるものの、こちらは１台からの導入も可能だといえます。

ＡＧＶの価格は、機能に応じてかなりの幅があります。上位システムと連携せず、「追随」や「決まった区間の往復」などに機能が限られたものは、１台十数万円から販売されています。機能は限られていても、適所に狙いを定めて導入すれば、確実な効率化効果をあげられることはいうまでもありません。

 注目されるAMR（自律走行型ロボット＝高機能AGV）

この本では、アームの付いた自動荷役機を「ロボット」と呼び、搬送系の機器はすべて「ＡＧＶ」と呼んでいますが、一般的に、ＡＧＶのなかで機能が高く上位システムと連携して自律走行するものは「**ＡＭＲ**」（Autonomous Mobile Robot：自律走行型搬送ロボッ

◎普及が期待されるAMR◎

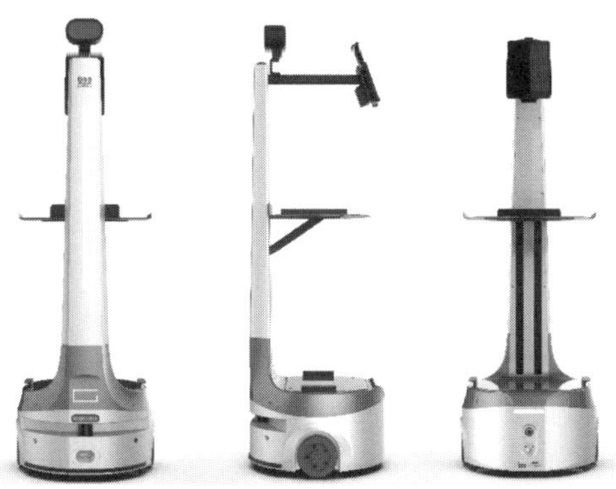

（写真はGround社のAMR）

【使い方の例】

待ち受け型	先導型	ミルクラン型
ロボットは自律的に棚間を巡り、ピッキングすべき商品のロケの前に止まっていく。作業者は止まっているロボットを見つけて、画面の指示に従って商品をオリコンに入れていく。	ロボットは作業者を先導してピッキングすべき商品のロケを巡り、作業者は画面の指示に従って商品をオリコンに入れていく。	ロボットはピッキングすべき商品の置かれたエリアの決められた場所にオリコンを置く。作業者が商品を入れたらロボットはオリコンを回収し、次のエリアに持っていく。
ロボット台数>作業者人数	ロボット台数＝作業者人数	ロボット台数<作業者人数

ト）と呼ばれます。

AMRは、人にピッキングすべき商品の場所を教えたり（先導型、待ち受け型)、オリコンを持ってオーダーが完結するように倉庫の各エリアを回ったり（ミルクラン型、商品をオリコンに入れるのは人）というように、人と協働しながら知能化された動きをします。

AMRの導入には1台あたり数百万円とシステム開発費用が必要ですが、クラウドサービスの活用でシステム費用は抑えられてきており、機器も量産を志向するものが出てきています。設備工事は不要で、これまでの作業方法を大きく変えずに導入できることもメリットで、現在最も注目されている物流自動化機器といえます。

これからの物流自動化に期待される効果

 これまでの自動化の常識はクリアすべき

物流ロボットやＡＧＶの進化はまさに日進月歩であり、その機能と実用性は日に日に高まっています。ロボット製造業界も、物流分野に対して「自動化未開拓分野」かつ「国内の現場がなくならない分野」として期待を寄せています。旧来の物流機器メーカーだけでなく、創業後数年の「スタートアップ」とよばれる会社を含むさまざまなメーカーが、物流自動化機器の開発普及に力を注いでいます。

自動化の中身がフレキシブルに進化するなかで、いまよりもっと幅広い物流センターや営業倉庫において、自動化のメリットを新たな視点でとらえ、果敢に導入に取り組んでほしいと筆者は思います。

少なくとも、これまでの自動化の常識はいったんクリアにすべきです。「自動化は要件をしっかり固めてからでないと無理」「部分導入はかえって非効率」「（営業倉庫の場合）特定の荷主との長期契約がないと実施できない」といった内容は、もはや、正しい前提とはいえなくなっています。

 自動化は「人を大切にする施策」

トラスコ中山がいう「人には人にしかできないことをやってほしい」という考え方は、本来的に、人を大切にする場所における基本理念ともいうべきものです。これの対極にあるのが「機械よりも人がやったほうが安い（だから、人にやらせる）」という考え方だとすると、これは、今後も続けるのは非常な危険を伴うものです。

「人がやったほうが安い」という判断は、その場所に低廉良質な労働力が集まり続けることを前提としています。生産年齢人口が週に１万人ずつ減る状況下で、その前提はすでに崩れているからです。

◎自動化は物流現場を「人を大切にする場所」にする◎

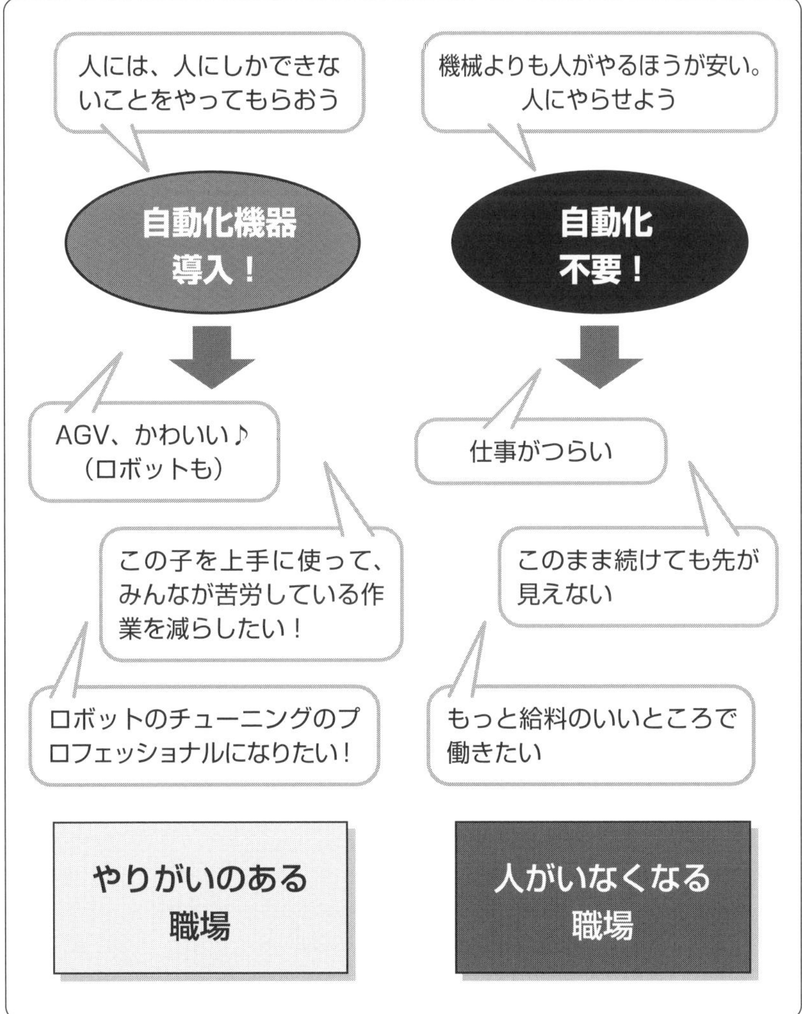

人を大切にしない場所には人が集まらないという状況が、すでに発生しています。ＡＧＶ１台、ロボット１台から導入し、作業者には「あなたに期待するのはただ作業をすることではなく、これをより上手に使うことだ」と伝える状況をつくることが、人を大切にする物流への一歩になると、筆者は確信しています。

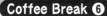

Coffee Break ⑥

江戸時代に学ぶ災害への備え

「火事と喧嘩は江戸の華」といいますが、それほど江戸は火事が頻繁にあったので、火事を前提とした街づくり、運営がなされていました。

幕府が防火対策に取り組んだのは1657年の「明暦の大火」がきっかけです。江戸城天守閣をも焼失させた大火は死者10万人を超えたといわれます。

まず、住宅や店舗が密集していると鎮火できないため、「広小路」など政策的に空き地をつくりました。東京都台東区の「上野広小路」のほか、「秋葉原」も江戸時代は「あきばのはら」と呼ばれ、火徐地の役割がありました。

隅田川を東に渡ったすぐのところにある「木場」は、文字どおり貯木場でした。火事があればここからすぐに材木が運ばれて建て直し、3日後くらいには商いが再開できたといいます。

ソフト面では、自衛組織としての「町火消」が有名です。時代劇でも有名な徳川吉宗、大岡越前の頃に組織されました。各ブロックにある防犯・防火拠点の「自身番」では、半鐘の鳴らし方で緊急度合いまで住民に知らせるしくみができていました。

密集した住宅地である「長屋」では、防火用水の設置が義務づけられ初期消火が推奨されており、各家庭では火事の際に持ち出す「用心籠」も用意されていました。防火のために各家庭に風呂はつくられず、街中での歩き煙草も防火の観点から禁止されていました。

三越の前身である三井呉服店では床下に穴蔵があり、火事の際には反物を運び込んで焼失を避けるようになっていたそうです。

また、店の前に出す看板や軒下の吊り看板は、営業時間が過ぎるとしまうルールでした。商店の軒下は半ば公共の空間であり、表通りはいざというときの避難経路として、いつも整然としていなくてはならなかったからです。

7章

物流におけるＢＣＰとは

Physical Distribution
&
Logistics

執筆◎芝田 稔子

7-1 物流が途切れると経済活動・生活が止まる

 物流はライフライン

物流は、ガス・電気・水道と並び、生活にも経済活動にも不可欠なライフラインとなっています。ふだんは意識していませんが、途切れると大きな支障が出ます。たとえば、スーパーやコンビニで水やパンやカップ麺が売り切れたり、企業においては材料が届かなくて生産ができないようなことが起こります。

最近、大地震や数十年に一度といった台風や大雨等により、物流が寸断される機会が頻繁に発生しています。

 ＢＣＰとは

やむを得ず物流がストップしても、なるべく被害は最小限に、復旧は迅速に行ないたいものです。そのための方策が「**ＢＣＰ**」と呼ばれるものです。「Business continuity planning」の頭文字をとった略称で、日本語に訳すと「**事業継続計画**」となります。

ＢＣＰについて、たとえば経済産業省では、「事故や災害などが発生した際に、『如何に事業を継続させるか』若しくは『如何に事業を目標として設定した時間内に再開させるか』について様々な観点から対策を講じることである。ＢＣＰは、そのための計画自体を指す」と定義されています。

企業におけるＢＣＰの策定状況は、大企業で64％が策定済み、「策定中」を加えると８割を超えています。中堅企業でも策定済みが32％、「策定中」を加えると47％とほぼ半数に達しており、ＢＣＰの策定は進んできているといえます。

ＢＣＰの策定により、右ページ下図のような、平時の活動にもメリットが生じると指摘されています。

◎ＢＣＰ策定状況（2017年度）◎

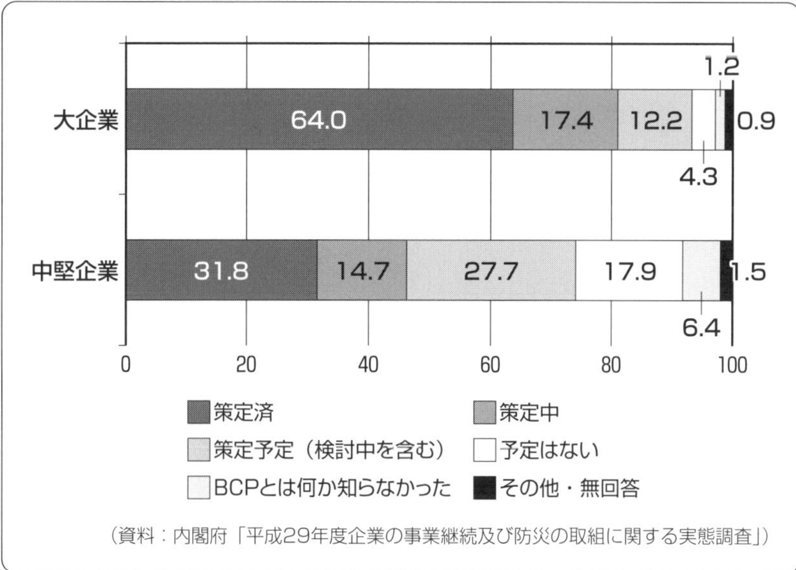

（資料：内閣府「平成29年度企業の事業継続及び防災の取組に関する実態調査」）

◎ＢＣＰ策定の効果◎

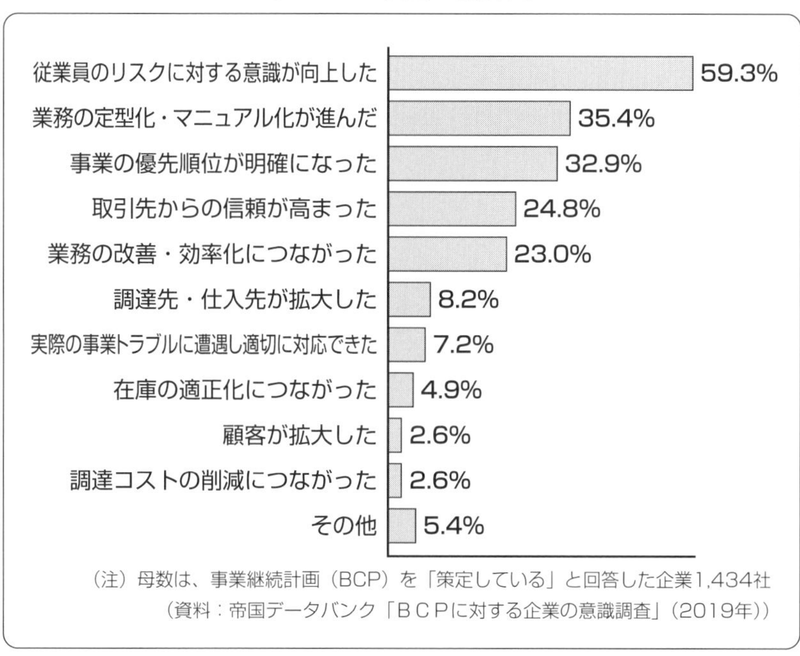

（注）母数は、事業継続計画（BCP）を「策定している」と回答した企業1,434社
（資料：帝国データバンク「ＢＣＰに対する企業の意識調査」（2019年））

防災活動とＢＣＰは異なる

 ＢＣＰは事業を継続させることに重点が置かれる

災害への対応という視点から見れば、ＢＣＰは、これまで取り組まれてきた防災活動に近い部分もありますが、中心的な発想はまったく異なります。

右ページの表にあるように、防災活動は、身の安全を確保することや物的被害を最小限に抑えることに重点が置かれています。

一方、ＢＣＰの目的は、身体・生命の安全確保に加え、優先的に継続・復旧すべき重要業務の継続または早期復旧とされています。

危機的事象の発生により、活用できる経営資源に制限が生じることを踏まえ、優先すべき重要事業・業務を絞り込み、どの業務をいつまでにどのレベルまで回復させるか、経営判断として決めることが求められます。

 サプライチェーンについての意識が重要

防災とＢＣＰでは、重要視される事項も大きく異なります。防災活動では、死傷者数や損害額を最小限にすることが求められます。このため、従業員等の安否を確認すること、被災者を救助・支援することなども含まれます。

一方、ＢＣＰでは、これらに加え、重要業務の目標復旧時間・目標復旧レベルを達成すること、経営および利害関係者への影響を許容範囲内に抑えること、収益を確保し企業として生き残ることが重要視されます。

ＢＣＰは、サプライチェーンの構成員として、調達先や供給先等、事業上関係のある他社も対象にした取組みが重要視されます。経営者が取り組むべきテーマだということです。

◎企業における従来の防災活動とＢＣＭの比較表◎

	企業の従来の防災活動	企業の事業継続マネジメント（BCM）
主な目的	●身体・生命の安全確保 ●物的被害の軽減	●身体・生命の安全確保に加え、優先的に継続・復旧すべき重要業務の継続または早期復旧
考慮すべき事象	●拠点がある地域で発生することが想定される災害	●自社の事業中断の原因となり得るあらゆる発生事象（インシデント）
重要視される事項	●以下を最小限にすること ・死傷者数 ・損害額 ●従業員等の安否を確認し、被災者を救助・支援すること ●被害を受けた拠点を早期復旧すること	●死傷者数、損害額を最小限にし、従業員等の安否確認や、被災者の救助・支援を行なうことに加え、以下を含む。 ・重要業務の目標復旧時間・目標復旧レベルを達成すること ・経営および利害関係者への影響を許容範囲内に抑えること ・収益を確保し企業として生き残ること
活動、対策の検討の範囲	●自社の拠点ごと ・本社ビル ・工場 ・データセンター等	●全社的（拠点横断的） ●サプライチェーン等依存関係のある主体 ・委託先 ・調達先 ・供給先　等
取組みの単位、主体	●防災部門、総務部門、施設部門等、特定の防災関連部門が取り組む	●経営者を中心に、各事業部門、調達・販売部門、サポート部門（経営企画、広報、財務、総務、情報システム等）が横断的に取り組む
検討すべき戦略・対策の種類	●拠点の損害抑制と被災後の早期復旧の対策（耐震補強、備蓄、二次災害の防止、救助・救援、復旧工事　等）	●代替戦略（代替拠点の確保、拠点や設備の二重化、OEMの実施　等） ●現地復旧戦略（防災活動の拠点の対策と共通する対策が多い）

（資料：内閣府「事業継続ガイドライン第三版」）

7-3 サプライチェーンにおけるリスクを想定する

 サプライチェーンマップを作成してみる

「事業を継続させる」ということは、自社の業務を支障なく継続させるということだけでなく、自社の顧客においても事業が滞ることのないよう、製品の供給を継続させることを意味しています。

また、災害時、自社においては何事もトラブルがなかったとしても、原料や材料メーカーからの供給が滞れば、スムーズな生産を続けることはできません。

つまり、ＢＣＰ策定にあたっては、自社の前工程、後工程についても気を配り、自社に起こりうるリスクを想定する必要があるのです。そこで有効なのがサプライチェーンマップの作成です。

右ページ図は、サプライチェーンマップの例です。Tier1というのは、原材料等を直接納めているベンダー、Tier2というのは、Tier1事業者を経て納めているベンダーということになります。

直接付き合いのあるTier1事業者の状況は把握しやすいですが、この情報だけでは不十分です。多くのメーカーにとってTier2またはTier3に位置するメーカーでも、その業界でほぼ100％の部品供給を占めることもあり、このような場合、その業界の全メーカーが生産停滞に追い込まれます。

 起こりうるリスクを想定する

このマップから、リスクが発生しやすい部分を推定することができます。たとえばTier2事業者のところに「主要原材料Ｆ　調達比率100％」と書かれています。この事業者に何らかのトラブルがあれば、ここから供給されていた主要原材料Ｆは手に入らなくなり、生産が止まるおそれがあるということです。

◎サプライチェーンマップ◎

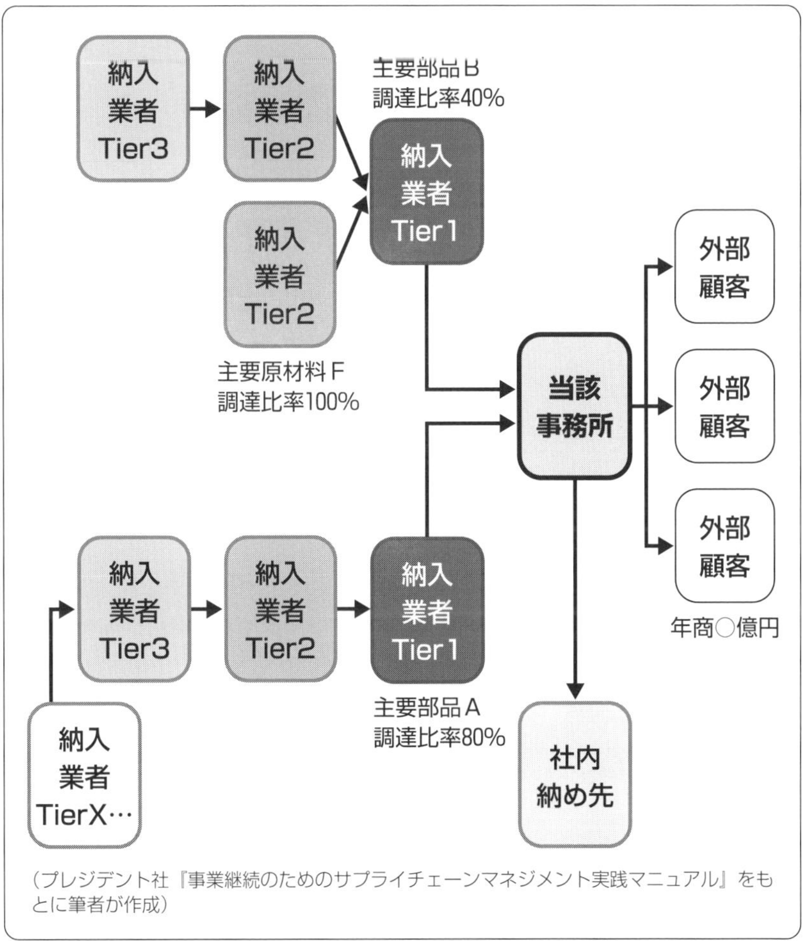

（プレジデント社『事業継続のためのサプライチェーンマネジメント実践マニュアル』をもとに筆者が作成）

ＢＣＰ対応としては、このようなリスクを平時から縮小していくことが求められます。他の事業者から調達できないか検討したり、他の事業者からも調達できるよう、より汎用的な原材料を利用するように切り替えるといった対応が考えられます。

物流センターの立地に関わるリスクを想定する

 ハザードマップをチェックする

ＢＣＰ対応は全社的な問題となりますが、本章では物流部門および物流センターにおけるＢＣＰに重点を置いていきたいと思います。

まず、物流センターそのもののリスクを確認する必要があります。これには自治体等が出しているハザードマップの確認が有効です。

下図は東京都江東区の大雨洪水ハザードマップです。白い部分は浸水被害の心配が少ない場所です。このあたりは日本郵便、日本通運、佐川急便などの巨大物流センターが多く立地しており、安全な立地が確認されていることがわかります。ハザードマップにおいてリスクが確認されたら、その点には備えるようにしてください。

（江東区ホームページより）

 物流センターにおけるリスクの損害度合いと発生頻度

右ページ図は、事業継続を行なっていくうえで想定されるリスクのなかで、物流センターとの関わりのあるものです。損害度合いの

◎物流センターにおけるリスクの損害度合と発生頻度◎

（資料：株式会社流通研究社『物流／配送センターにおけるBCP策定の手引き』平成27年10月）

大きいものは図の上のほう、発生頻度が高いものは図の右のほうに表示されます。

発生した場合の損害が最も大きいものが地震・津波であり、これに備えることを本章の目標とします。最近目につく台風・大雨によっても同様の症状が発生するため、これらにも備えられます。

◎物流センターにおけるリスク項目◎

分類	項目	原因	症状	頻度	損害度合
天災 限定域	洪水・竜巻・落雷 地震・台風・雪害 津波・火山爆発 ゲリラ豪雨	自然環境による	施設損壊 作業員の帰宅困難 作業員の出勤困難 作業遅延・作業困難 商品汚破損	10年以上で一度	施設修繕 商品補償 他地域からの応援
天災 広域	洪水・竜巻・落雷 地震・台風・雪害 津波・火山爆発	自然環境による	インフラ不能 状況把握不能		

（資料：株式会社流通研究社『物流／配送センターにおけるＢＣＰ策定の手引き』平成27年10月）

強い地震の際は どんなことが起こるか

災害はいつ起こるかわからない

「喉元過ぎれば熱さを忘れる」という言葉もあります。下表に、気象庁で震度階級別に状況を整理したものを掲げておきました。

何も備えのない状態で強い地震が来たとしたら、……。

物流センターの状況については、下表の右端にある「鉄筋コンクリート造建物」のところをご覧いただくと想定できるかと思われます。

◎気象庁「震度階級関連解説表」◎

震度	人の体感・行動	屋内の状況
5強	大半の人が、物につかまらないと歩くことが難しいなど、行動に支障を感じる。	棚にある食器類や書棚の本で、落ちるものが多くなる。テレビが台から落ちることがある。固定していない家具が倒れることがある。
6弱	立っていることが困難になる。	固定していない家具の大半が移動し、倒れるものもある。ドアが開かなくなることがある。
6強	立っていることができず、はわないと動くことができない。揺れにほんろうされ、動くこともできず、飛ばされることもある。	固定していない家具のほとんどが移動し、倒れるものが多くなる。
7		固定していない家具のほとんどが移動したり倒れたりし、飛ぶこともある。

 安否確認・相互連絡のしくみづくりから始めよう

ＢＣＰ策定プロジェクトが立ち上がっていれば、このような状況が起こりうることを共有したうえで、迅速に安否確認ができるしくみづくりを行なってください。携帯電話の番号をリストアップしただけではだめです。電話が集中してつながらない場合もあるし、基地局が損傷してしばらく復旧しないということさえ考えられます。

ＳＮＳや災害用伝言ダイヤルなど、複数の方法を皆で共有し、必ず連絡がつくようにしてください。

また、調達先や顧客、物流事業者等、自社のサプライチェーン内のＢＣＰ担当者とも、直接、夜中でも連絡がつけられるようにしておきましょう。災害はいつ起こるかわからないからです。

屋外の状況	鉄筋コンクリート造建物	
	耐震性が高い	耐震性が低い
窓ガラスが割れて落ちることがある。補強されていないブロック塀が崩れることがある。据付けが不十分な自動販売機が倒れることがある。自動車の運転が困難となり、停止する車もある。	―	壁、梁（はり）、柱などの部材に、ひび割れ・亀裂が入ることがある。
壁のタイルや窓ガラスが破損、落下することがある。	壁、梁（はり）、柱などの部材に、ひび割れ・亀裂が入ることがある。	壁、梁（はり）、柱などの部材に、ひび割れ・亀裂が多くなる。
壁のタイルや窓ガラスが破損、落下する建物が多くなる。補強されていないブロック塀のほとんどが崩れる。	壁、梁（はり）、柱などの部材に、ひび割れ・亀裂が多くなる。	壁、梁（はり）、柱などの部材に、斜めやX状のひび割れ・亀裂がみられることがある。 １階あるいは中間階の柱が崩れ、倒れるものがある。
壁のタイルや窓ガラスが破損、落下する建物がさらに多くなる。補強されているブロック塀も破損するものがある。	壁、梁（はり）、柱などの部材に、ひび割れ・亀裂がさらに多くなる。 １階あるいは中間階が変形し、まれに傾くものがある。	壁、梁（はり）、柱などの部材に、斜めやX状のひび割れ・亀裂が多くなる。 １階あるいは中間階の柱が崩れ、倒れるものが多くなる。

（資料：気象庁）

7-6 有事に対応可能な物流ネットワークを構築する

 代替可能なネットワークを構築する

自社内の物流ネットワークとして、大地震等により通常の供給活動ができなくなった場合に、迅速に復旧できる力を持つためにはどうすればよいか考えます。

右ページ上の図は、平常時の姿。1つの商品は1か所の工場で生産され、全国に出荷する形になっています。工場が被災すれば、そこで生産されていた製品の出荷ができなくなります。

平時のうちに代替可能なネットワークを構築します。供給を止めてはならない製品は、複数の工場で生産できるようにします。これでどちらかの生産拠点が被災してもカバーできます。また、どこかのＤＣ（物流センター）が被災した場合には、工場から直接、顧客に配送するか、別のＤＣが肩代わりできるようにしておきます。

右ページ下の図はＢＣＰ対応後に発災したときのイメージです。

 一時的に肩代わりできる在庫を持つ

どこかのＤＣが稼働できなくなった場合、その配下の顧客への配送は別のＤＣまたは工場が肩代わりする必要があります。その際、それぞれの配下の顧客分だけの在庫しか持っていないとすると、別の拠点に回せる在庫がないことになってしまいます。

供給を途絶えさせてはならない製品については、追加生産を行ない供給しますが、追加生産をしてからでは間に合わない量については、代替可能性のある拠点に在庫を積み増しておくことが必要です。

絶対に途絶えさせてはいけないものであれば、顧客企業において在庫を積み増してもらうという方法も考えられます。平時でもトラック不足がいわれている現在ですから、有事の際にスムーズに通常

◎有事に対応する物流ネットワークとは◎

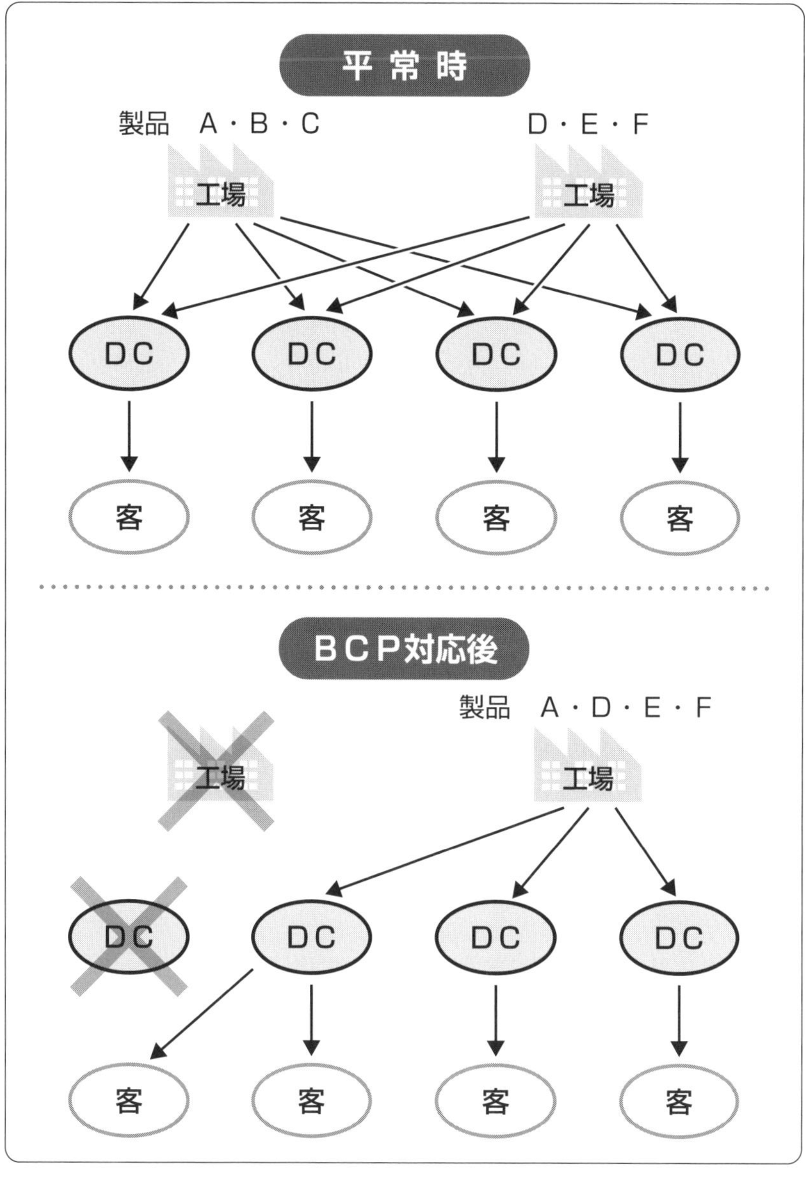

と異なる輸送手段を確保するのは至難の業です。それらを踏まえ、物流事業者にも情報共有しておきましょう。

BCP対応のための荷主と物流事業者の役割分担

荷主は有事の際にやるべき業務を決めて情報共有する

前項のような対応を行なうときに、平時と同じ業務量をこなすことは不可能です。被災状況に応じ、操業度は８割とか５割のように落ちているはずで、そのため、平時より**有事の際にも行なうべき優先業務**を会社として決めておく必要があります。

優先業務とは、有事の際にも継続すべき事業です。売上が大きく利益率も高い製品の製造・供給や、社会的に供給を途絶えさせてはならない製品の供給、顧客にとって代替不可能な材料の供給など、平時のうちに社内で統一見解をつくっておく必要があります。操業度に応じて優先順位の高い業務から行なっていくことで、有事の際にもマイナスの影響を最小限に抑えることができるはずです。

有事の際には、物流センターは通常どおりの稼働はできないことを覚悟したうえで、稼働できる範囲で何を行なうか、これを決めるのは荷主の役割です。

物流事業者は荷主の意思を確認し、実現できるよう備える

荷主は物流事業者に対し、有事の際にも実行したい優先業務や物流事業者に期待する役割を伝えておくことが重要です。

物流事業者は、荷主の意向に従い、優先業務を遂行できるよう、環境を整えておくべきでしょう。

製品の落下を防ぐためにラックに滑り止めをつけたり、停電しても必要な仕事ができるよう蓄電・発電機能を持っておくといったことが考えられます。温度管理の必要な貨物を保管しているならば、温度保持のための電力も必要になります。被災地への輸送を考えると燃料を余分に確保しておくことも必要になります。

◎荷主と物流事業者の役割分担◎

		荷　主	物流事業者
役　割		在庫を用意する	委託された在庫を保全する 荷主の出荷要請を叶える
通常時		●ＢＣＰを考慮したネットワークの構築（東西複数拠点等） ●発災時のバックアップ体制の決定 ●顧客・業務の優先順位づけ ●復旧までの目安と当該期間の業務内容の決定、必要な在庫の用意 ●発災時の対応について顧客と確認 ●発災時、物流事業者に期待する業務について意向伝達	●発災時の業務について荷主の意向を確認し、行動計画を策定 ●発災時の配送の広域化に対応するための準備 ●発災時の取扱量の増大に対応するための準備 ●連絡機能の確保 ●燃料・電源の確保 ●在庫の汚破損を最小限にする措置
発災時	被災地	（安否確認・復旧活動） ●出荷可能な在庫量・実施可能な業務範囲の把握と実行 ●ＢＣＰ本部への実態報告	（安否確認・復旧活動） ●実施可能な業務範囲の把握 ●発災時行動計画に従って業務遂行
	被災地外	●被災状況に応じた活動内容の決定 ●優先順位・バックアップ方針に従って具体的な活動の決定・実行	●発災時行動計画に従って業務遂行 ●通常業務の他、バックアップ対象地域への配送

ＢＣＰ推進体制の構築

総責任者は社長

先にも紹介したように、ＢＣＰは経営の問題となるので、総責任者は社長が適任です。どの業務を優先して行なうかといった判断は、社長によって行なわれるべき問題でしょう。

ＢＣＰの策定については、社長が総責任者となり、製品供給に関わる全部門の部門長をすべてプロジェクトチームに入れ、どの部門の意見も取りこぼさないようにすべきでしょう。さらに、実行部隊が必要な場合には、それぞれの部門長の指名により決定します。

計画として決定すべきこと

右ページ図にあげた項目について平時に決定し、教育・訓練を継続的に行なって、いざ有事の際には、スムーズに行動できることをめざします。

①**目的・基本方針・行動指針**…ＢＣＰの究極の目的は、社員の生命の維持と事業の継続です。その点から、基本方針はおのずと決まります。「人命第一、事業継続」です。これに会社ごとの味つけをしていけばよいでしょう。

②**優先事業・優先業務の決定**…操業度が落ちたなかでも何を行なうべきかを会社として決めておきます。操業度がどの程度落ちるかは推測するしかありませんが、最悪と思われる事態を想定して、その際にできそうなことを最小の操業度として検討をスタートさせる方法もあります。優先業務を決め、優先順位もつけておくことで、いざ有事となった際に迷いなく行動することができます。

③**目標復旧時間の設定**…優先業務について、顧客はどの程度待てるかを検討し、目標復旧時間を定めます。被災地以外の顧客への対

◎ＢＣＰ推進体制のつくり方◎

ＢＣＰ策定プロジェクトの組織体系

- 総責任者…………社長
- リーダー…………経営層のなかから社長が任命
- サブ・リーダー…製品供給に関わる全部門長
- メンバー…………実行部隊

決定すべき事項

①ＢＣＰの目的・基本方針・社員の行動指針
②優先事業・優先業務の決定
③目標復旧時間の設定
④発災直後の対応・対策本部の活動
⑤教育・訓練

応も合わせて検討します。

④**発災直後の対応・対策本部の設置**…対策本部は基本的に本社に置きますが、本社が被災した場合は被災していない別の場所に置きます。発災直後には、どのような行動をとるべきかを決めておきます。最優先は人命第一で変わりません。対策本部リーダーもあらかじめ決めておきますが、「不在の場合には○○」というように、優先順位も決めておきます。

⑤**教育・訓練**…精密にＢＣＰを定めても、想定が100％当たるわけではありません。その意味では分厚いマニュアルは不要ですし、あまり高いコストをかけるべきでもありません。頻繁に訓練を行ない、実際に行動してみるほうがよほど有効です。１～２か月に一度、訓練を行なっている会社もあります。

7-9 BCPが企業の迅速な復旧を助ける

 BCPがあれば早期に復旧できる

右ページ上図は、ＢＣＰがあるとないとでは、発災前の状態に戻るまでの状況が異なることを示しています。

ＢＣＰを策定していれば、まず発災直後から、まったく無計画の状態ほどには操業度は落ちずにすむはずと考えられます。

また、スムーズに優先業務の遂行に入れますから、継続すべき事業について顧客に対し、許容範囲内の遅れのなかで対応することができます。

優先業務を遂行するうちにインフラの回復もあり、徐々に操業度は上がり、早期に元に戻れます。

 インフラの復旧日数は想定しておく

過去の災害時のインフラ復旧日数を参考に、被害想定を行ない、自社周辺の状況を想定しておきます。とくに、物流センター周辺の状況は入念に調べておきます。停電のリスクに備え、自家発電機能は事業内容に合わせ、適切に保持しておくべきです。

なお、物流センターの機能については、有事の際といえども１日以内の再開が期待されます。連絡機能については、「途絶なし」が期待されます。

優先業務として供給を継続すべき顧客があるなら、その顧客への供給ルートで心配なところはないかも合わせて検討しておきます。通常ルートの寸断が考えられるならば、別ルートや、別の拠点からの供給も検討しておきます。

◎BCPの導入・未導入と企業の復旧度合い◎

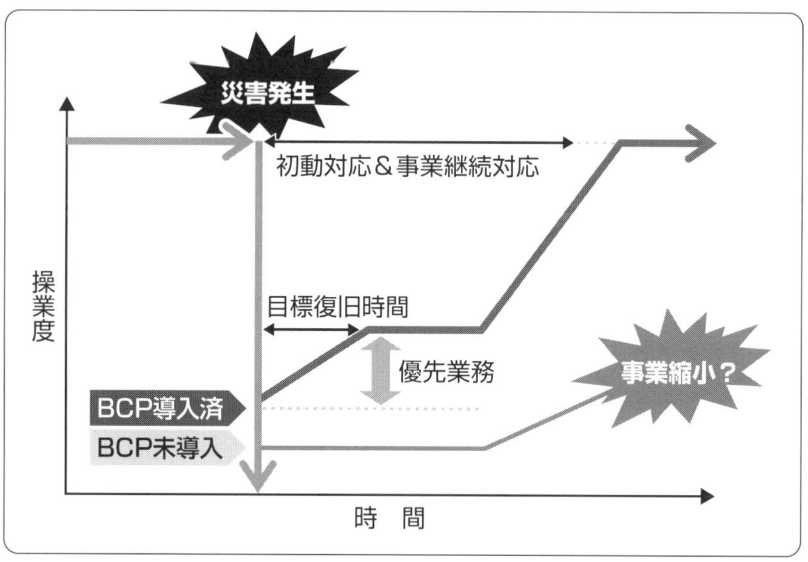

◎インフラの被災状況と復旧に要した日数◎

		東日本大震災	熊本地震
災害の概要	死者・行方不明者数	22,118人	228人
	全半壊棟数	約40万棟	約4万棟
ライフラインの復旧	電気	1週間で96%復旧 3か月後に復旧完了	1週間
	ガス	2か月	2週間
	水道	（仙台市内）3週間でほぼ復旧	3か月半
ICTインフラの復旧	通信網	通信設備損壊、回線途絶、停電等	障害は限定的
	固定系被災	約190万回線が被災	約2,100回線が被災
	移動系被災	約2万9,000局が停波	約400局が停波

（資料：総務省「平成29年版 情報通信白書」）

7-10 BCPに対応した物流センターの姿

 被害を最小限にとどめるために

保管ラックについては、とくに揺れが大きな上部については滑り止め等を施すことで落下を防げます。荷物の落下は、そのモノの破損だけでなく、人的被害や、床や別の製品の汚損につながるので、可能な限り防ぎます。

置き場を決定する管理システムのなかで、重いものは下段に配置するような設定にしておくことも重要です。

温度管理を行なっている物流センターでは、電気系統の維持が生命線となります。自家発電等を備え、復旧までの停電に備えます。バッテリー等は常にフル充電しておくことが求められます。バッテリーの用意はあるが、充電はしていなかったといった事態はよくあることで、せっかくの準備が役に立たないのはもったいないことです。

停電時でも、冷蔵庫は扉を開けなければ2～3日は温度が保てるともいわれます。これらの許容期間等についても、平時から検証しておきましょう。

 汚破損への対応も重要

やむを得ず汚損・破損等により廃棄するようなことがあれば、写真を撮るなどして、実態を報告できるようにエビデンスを残します。後になって保険請求の処理をするのに必要になります。保険請求のために何が必要になるかも確認しておく必要があります。

本社への報告は、実態がまだ見えないうちから行なう必要が生じるかもしれませんが、楽観的な情報を発信すべきではありません。

◎ＢＣＰに対応する物流センターの留意点（例）◎

ラックの工夫

●３段目以上は滑り止め

●割れやすい物、重い物は下段に保管するロジックに

電気系統

●基幹部品は水に浸からないように

●発災時、最低限のメンテは自社でできるように。部品の予備も準備

燃料の在庫

Ｘ日分程度（※基準を設ける）

破損品の取扱い

仕分け、写真撮影、廃棄

冷蔵庫

停電時は極力、開けない。それで２〜３日もつ

施設内

●階段に蓄熱発光塗料

●エレベーターに簡易トイレ

情報共有

●事実を明解に、即時報告

●楽観的情報より悲観的くらいでちょうどよい

有事の際の実際の行動

リスクを想定して、代替策を検討しておく

有事とは、必ずしも想定どおりのものではありません。ですから、いくつか代替策を検討しておくことが重要です。ここにあげるのは、過去の有事の際に実際に企業がとった行動です。有事の際の代替策の想定を行なう際の参考にしてください。

【①調達について】

- 被災地外拠点（海外含む）からの調達へ切替え
- 被災したサプライヤーの復旧を支援（メーカー）
- サプライヤーが納品不能となったため、自ら引取りに（メーカー）
- サプライヤーの納品車両が来られないため、被災地外の拠点で集中荷受けして転送（卸）
- 商圏が異なる企業チェーンから商品を調達（小売）

【②生産について】

- デジタル化設計図を元に他工場に生産移管（メーカー）
- 全工場で全製品を生産できる体制構築済（メーカー）
- 社外メーカーに生産委託（メーカー）
- 保管部材を被災地外へ緊急輸送し、代替生産（メーカー）
- 計画停電の対応として小ロット化生産（メーカー）
- 包装材不足により、商品サイズを絞込み生産（メーカー）
- 生産能力低下による生産品目の絞り込み（メーカー）
- 業界全体として時限的標準化（メーカー）

【③販売（在庫拠点）について】

- 緊急時に備えて紙ベースで整えていたデータをもとに出荷（メーカー）
- 出荷作業システムが損傷したが、他拠点から移して早期復旧（卸）
- 洪水の可能性が判明した時点で外部倉庫を用意して保全（メーカー）
- 停電に対応し手作業で出荷（医薬品卸）
- 衛星電話で通信を確保（メーカー）

【④輸配送について】

- 道路網寸断に対応し、バイクを被災地へ送り込んで活用（卸）
- 鉄道輸送寸断に対応してフェリー輸送を利用（メーカー）
- 車両不足に対応してＪＲ貨物を利用（メーカー）
- ＬＰＧ車で配送を継続（宅配）
- 被災地外から燃料を購入して配送を継続（物流事業者）

以下は、有事の際、想定どおりにいかなかった内容です。

【⑤その他】

- デスクトップパソコンしかない事業所では、停電時は実質業務不能に（物流事業者）
- ＢＣＰに則り行動したが、ギャップ多し（メーカー）
- グループ企業を含めた状況確認・安否確認にあたり、データが分散・不十分で作業が難航（メーカー）
- 自動化・専用化された拠点の復旧に苦慮（卸）

7-12 働き方改革がBCPを後押ししている?

顧客と約束したリードタイムが拠点配置を決める

ここでいう拠点とは、在庫を持つ出荷拠点のことです。拠点の設置・維持は当然ながらコストがかかりますから、必要最小限にしたいところです。拠点をどこに、いくつ設置するかは、顧客の注文に対し、何日または何時間で納品すると約束しているかで決まります。

十分に時間が許容されるならば1か所でもいいのですが、「翌日配送」と決まっていれば、全国の顧客に対し、翌日配送が可能な立地に在庫拠点を設置しなければなりません。

全国に翌日配送を行なう企業であれば、全国に6か所程度の拠点を配置するパターンが多くみられました。

労働時間短縮のため、これ以上走れない

この状況が、働き方改革によって変化しそうです。

これまで1日13時間までを基本として週に1回は16時間働くことも許されていたドライバーですが、2024年以降は、年間時間外労働は960時間までとされ、上限を超えると罰則も規定されています。

走れる時間が短くなるわけですから、1日で到達できるエリアは狭まります。右の図は、埼玉県北部に拠点があるとした場合の日帰り圏の想定です。点線で描かれた円内はおよそ往復200km程度。待機もなく道路条件もよければ、このくらいまでは日帰り圏内といえます。

労働時間が短縮されると、日帰り圏は往復150km程度まで狭まると考えられます。内側の太い線の範囲です。翌日配送可能エリアが変わってくることになります。

企業の対応としては、納品リードタイムを延ばすか拠点を多数配

◎労働時間短縮によるネットワークの変化◎

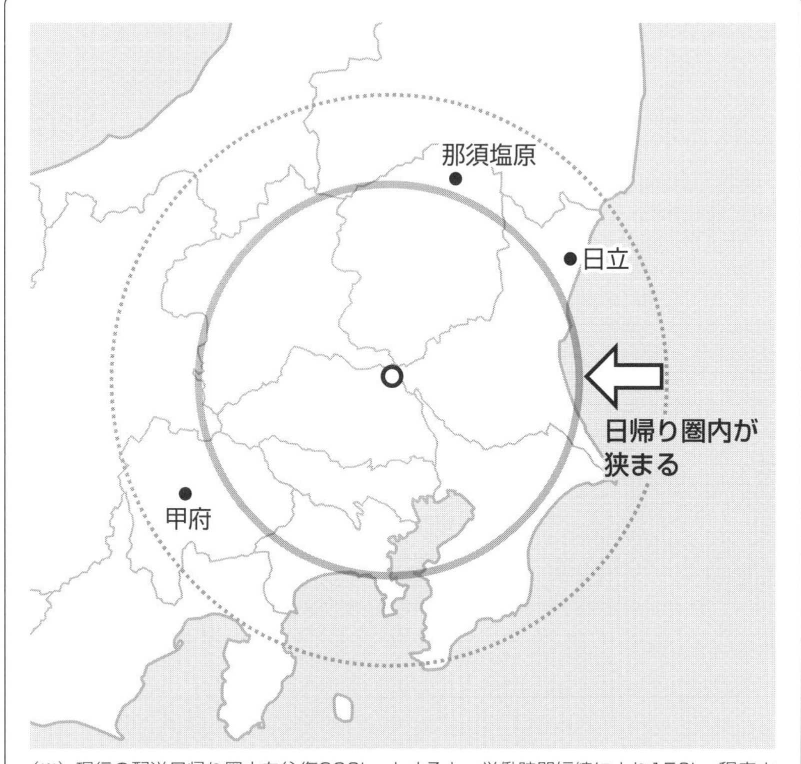

（※）現行の配送日帰り圏内を往復200kmとすると、労働時間短縮により150km程度まで狭まると考えられる。上図は、埼玉県北部に拠点があるとした日帰り圏内のイメージ。

置するかです。納品リードタイムを延ばすほうが物流からムダを省くには効果的ですが、買う側の力が強ければそうもいきません。競争上、拠点を多数配置する方法を選択する企業は多いと思われます。

企業のＢＣＰとして最も有効なのは、**拠点を増やす**ことです。ＢＣＰのためだけに拠点を持つのはかなりのコスト負担ですが、遵守しなければならない法改正のためにとなれば、必要なコストということになります。

拠点新設の際には、ＢＣＰ対策の視点を入れていくことで企業の体質強化につながるでしょう。

Coffee Break ⑦

東京2020オリンピック・パラリンピックは物流変革の好機

東京2020オリンピック・パラリンピックに向けては、大会時の交通混雑の緩和を目的として、交通需要を抑制するＴＤＭ(Transportation Demand Management：交通需要マネジメント)を推進する「2020ＴＤＭ推進プロジェクト」が進められています。

ＴＤＭ推進プロジェクトでは、「人流」と「物流」の２つの面で企業に協力を求め、取組みを募集しています。人流面ではテレワークやフレックス制度、時差出勤などにトライする「スマートビス」への取組み、そして物流についても物流量の抑制と分散化、平準化をめざして、以下のような取組みが推奨されています。

- 複数荷主の連携による倉庫の共同使用、共同輸配送
- 輸送頻度の削減
- 十分なリードタイムでの発注による柔軟な輸配送時間帯の設定、輸配送ルートの設定
- 在庫調整による輸配送日の平準化
- 付帯作業見直しや検品作業の簡素化による納品時間の短縮、輸送の効率化

ご覧いただけばわかるとおり、これらの項目は決して、「オリンピック・パラリンピック対応のためにやむを得ず、一時的に行なう」という内容ではありません。いずれも企業間連携をベースとして真に物流を効率化させ、「運べない危機」の克服に資する内容です。

実際のところ、物流を変えることに本気で取り組むなかで、社内や取引先の理解を得ることに苦労している企業は、ＴＤＭ推進プロジェクト参加を変革の有効なきっかけの一つととらえています。輸送頻度の削減やリードタイムの延長を最初は期間限定で実施し、供給活動に支障をきたすことはなかったという実績ができれば、これは社内を説得し、取引先の合意を得る絶好の材料となります。次の段階で、取組みの通年化も見えてくる可能性があるでしょう。

8章

環境問題と物流における対応

Physical Distribution
&
Logistics

執筆◎芝田 稔子

8-1 物流と環境問題 ～ＳＤＧｓの視点から～

 ＳＤＧｓを踏まえた行動が求められる

ＳＤＧｓとは、「Sustainable Development Goals」の略称で「えすでぃーじーず」と読みます。日本語に訳せば「**持続可能な開発目標**」となります。

ＳＤＧｓは、2015年９月の国連サミットで全会一致で採択され、「誰一人取り残さない」持続可能で多様性と包摂性のある社会の実現のため，2030年を年限とする17の国際目標が決められています（右ページ参照）。これらの国際目標の下には、169のターゲットと232の指標が定められています。

「開発」というと、発展途上国のための目標と思われるかもしれませんが、先進国においても取り組むべき目標は多く、企業も自治体も、これからの活動はすべて、ＳＤＧｓに則る必要があると考えられています。意味としては「発展」ととらえてもいいかもしれません。

 ＳＤＧｓと物流

ＳＤＧｓの目標と物流は、けっこう関わりが多いといえます。

たとえば、輸送によって消費する**燃料と排出ガスの問題**があります。燃料消費はなるべく抑えるべきですし、有限といわれる化石燃料の使用を抑え、化石燃料に替わる燃料の利用も検討すべきでしょう。排出ガスもなるべく抑えるべきです。

食品ロスの問題もあります。まだ食べられるのに廃棄される食品が年間631万トンに達しています。規格外品・返品・売れ残りや食べ残しなどが原因と考えられています。コストを負担して生産し、流通させたのに廃棄するという事態は、企業経営的にも回避すべき

◎「ＳＤＧｓ」の17のゴールを示すロゴ◎

◎食品廃棄物等の発生状況◎

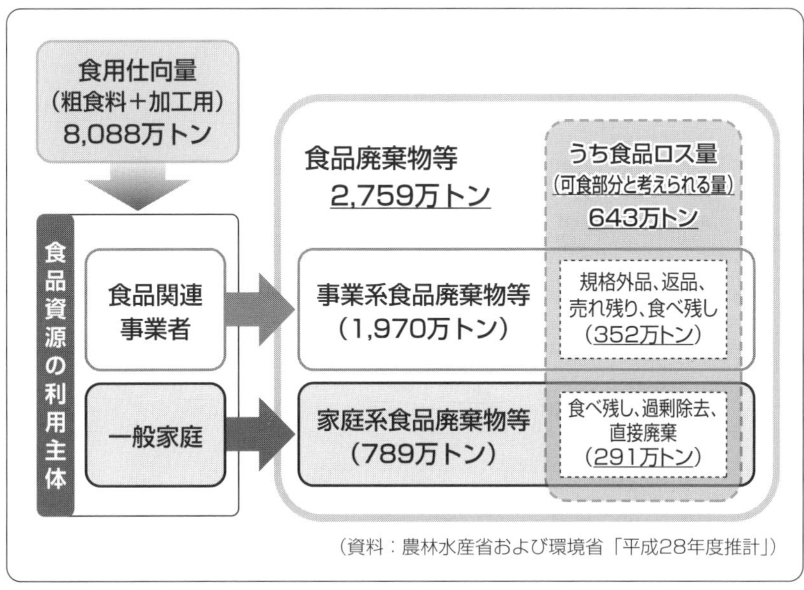

（資料：農林水産省および環境省「平成28年度推計」）

ことです。もちろん、本来食べられるものを捨てて焼却し、CO_2を発生させるという点からも避けるべき事態です。

8-2 国としての取組みはどうなっている？

「総合物流施策大綱」の策定

環境問題への対策は、会社の利益確保という視点からすれば、積極的に追求される課題とはいえません。しかし、会社の経済活動が、未来の生活環境を蝕むようなことは避けねばなりませんし、ＳＤＧｓの観点からいえば、環境問題を無視する企業は市場から淘汰されかねません。

国としては、温室効果ガス削減目標の達成に向け、物流分野においても環境負荷の低減を進めなければなりません。具体的な方策としては、経済産業省、国土交通省が共同で策定した「**総合物流施策大綱**（2017－2020）」のなかで右ページ上のような項目があげられています。

物流効率化法や省エネ法を使った支援措置も用意されています。これらについては８－11項で説明します。

「グリーン物流パートナーシップ会議」とは

「**グリーン物流パートナーシップ会議**」とは、荷主と物流事業者が連携・協働してCO_2削減のための取組みや研究を進めることを支援する会議体です。

「グリーン物流パートナーシップ推進事業」として、荷主や物流事業者からの申請を受け、優良事例について表彰を行なっています。

これまで申請された事業で多いのはモーダルシフトですが、共同物流センター、共同輸配送、拠点集約、納品指定時間の解除による積載率効上等も実施されています。審査にあたっては、**CO_2排出量をどれだけ削減できる施策であるか**が重視されています。物流からムダを省く対策は、CO_2排出量の削減にほぼ直結しています。

◎物流施策大綱における環境負荷低減への取組み◎

①サプライチェーン全体における環境負荷低減の取組み

㋐荷主における取組みの促進

荷主による省エネ対策の促進や少量多頻度輸送の抑制（省エネ法を活用）

㋑荷主・物流事業者間など関係者間の連携促進

モーダルシフトや共同物流の促進（物流効率化法を活用）

㋒物流拠点の環境負荷の低減

②輸送モードの省エネ化・低公害化

㋐渋滞対策

㋑船舶の省エネ対策

㋒船舶からの排出ガスに関するＳＯｘ規制

※「総合物流施策大綱（2017-2020）」より

◎「グリーン物流パートナーシップ会議」のしくみ◎

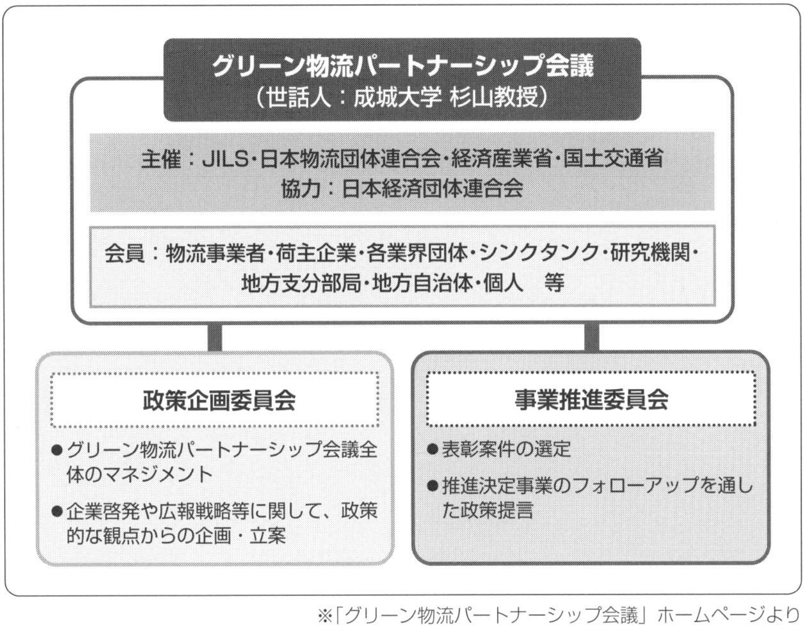

グリーン物流パートナーシップ会議
（世話人：成城大学 杉山教授）

主催：JILS・日本物流団体連合会・経済産業省・国土交通省
協力：日本経済団体連合会

会員：物流事業者・荷主企業・各業界団体・シンクタンク・研究機関・地方支分部局・地方自治体・個人　等

政策企画委員会

- グリーン物流パートナーシップ会議全体のマネジメント
- 企業啓発や広報戦略等に関して、政策的な観点からの企画・立案

事業推進委員会

- 表彰案件の選定
- 推進決定事業のフォローアップを通した政策提言

※「グリーン物流パートナーシップ会議」ホームページより

8-3 CO_2排出量の現状をみてみると

 日本のCO_2排出量は世界第５位

わが国のCO_2排出量は世界で５位にランクされます。排出量の比率でみると４％程度です。中国が28％、アメリカが15％と大きな割合を占めています。次いで、インドが６％、ロシアが５％と続いています。

わが国の2017年度の排出量は11億9,000万トンで、着実に減少しているものの、パリ協定で定めた目標まではまだ遠いという状況です。

CO_2排出量が減少しているのは、もちろん削減のための努力による成果であり、「実質ＧＤＰあたり」「人口１人あたり」CO_2排出量も減少しています。

排出量減少に大きな成果を及ぼしたのは、太陽光発電・風力発電等の再生可能エネルギーの導入拡大や原子力発電所の再稼働等が大きいです。電源構成に占める再生可能エネルギー（水力を含む）の割合は14.6％から16.0％に、原子力発電の割合は1.7％から3.1％に、それぞれ増加しています。

 運輸部門のCO_2排出量は減少している

CO_2排出量のうち、運輸部門の排出割合は18％を占めています。35％を占めるトップの産業部門に次ぐ割合なので、排出量の削減に積極的に対応するのは当然のことでしょう。

ただし、1990年からのCO_2排出量の推移をみると、運輸部門からのCO_2排出量は2001年頃をピークに減少が続いています。業界の努力が表われているということができます。

◎わが国における二酸化炭素排出量の現況（2017年度）◎

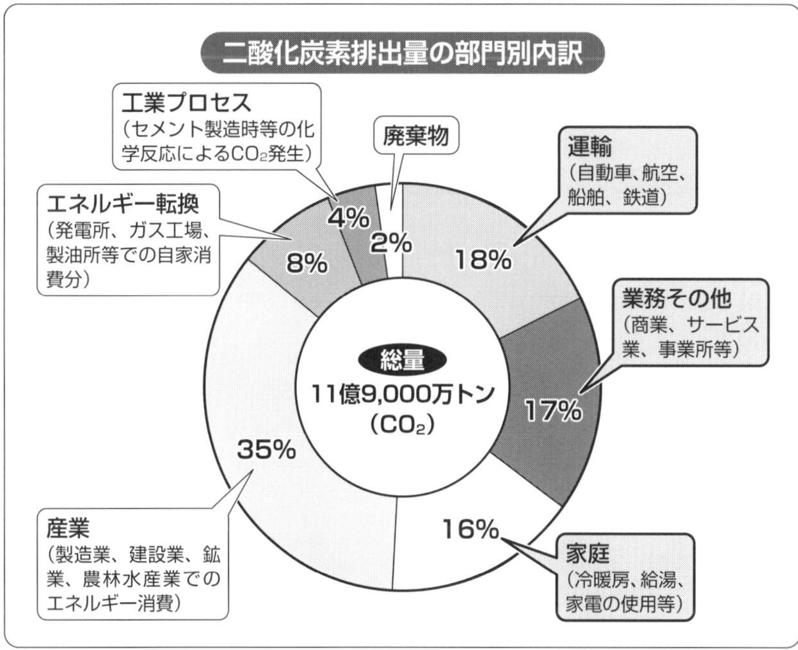

※国土交通省の資料より

◎温室効果ガス排出量（部門別）の推移と目標◎

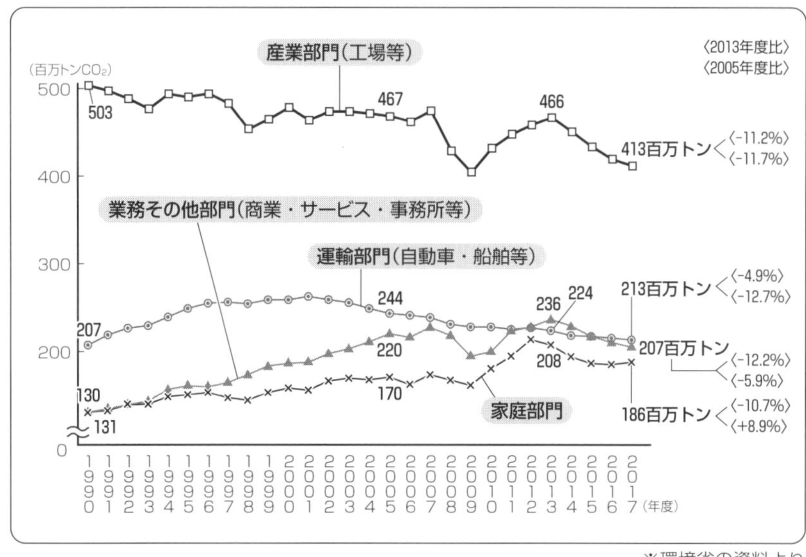

※環境省の資料より

環境負荷を軽減する方策は何か

自動車のCO_2排出割合は全体の83%

輸送機関別にCO_2の排出割合をみると、自家用乗用車がもっとも高く、全体の半分を占め、次に営業用貨物車が19.9%、自家用貨物車が16.6%と続いています。これらはすべて自動車で、足し合わせると全体の83%を占めることになります。

CO_2の削減方策は、まず**自動車に焦点を当てるべき**だといえます。自家用乗用車のなかには、企業が営業に使っている車両もあるでしょう。営業車を利用するかしないかは、各社の判断に任せるしかありません。鉄道の便が悪い場所ではクルマなしで活動するのは困難です。とれる対策としては、排出原単位の小さな車両を選ぶというくらいでしょう。ここで問題となるのは貨物車です。

トラックの環境負荷軽減方策は３つ

貨物車は、家庭の乗用車とは異なり、好き勝手には走りません。発荷主や着荷主の要望に合わせてトラックは動いています。その意味で、環境負荷軽減には荷主の理解と推進力が不可欠です。

CO_2削減策は、３つに整理できます。１つは「**排出原単位を小さくする取組み**」。モーダルシフトや低公害車の導入、エコドライブの実施等です。もう１つは、「**走行距離を減らす取組み**」。共同輸配送や拠点の見直しによって、同じ場所に納品する場合でも、総走行距離を短くしようとするものです。配送頻度を抑えたり、物量を平準化したり、時間指定を緩和することによっても、車両の積載率を上げ、必要な車両を減らし、総走行距離を減らすことができます。他社と連携して帰り荷を積み、実車率を上げるのも有効です。

最後に「**余計なゴミを出さない取組み**」。納品期限が切れたとか

◎輸送機関別CO_2排出割合（2017年度）◎

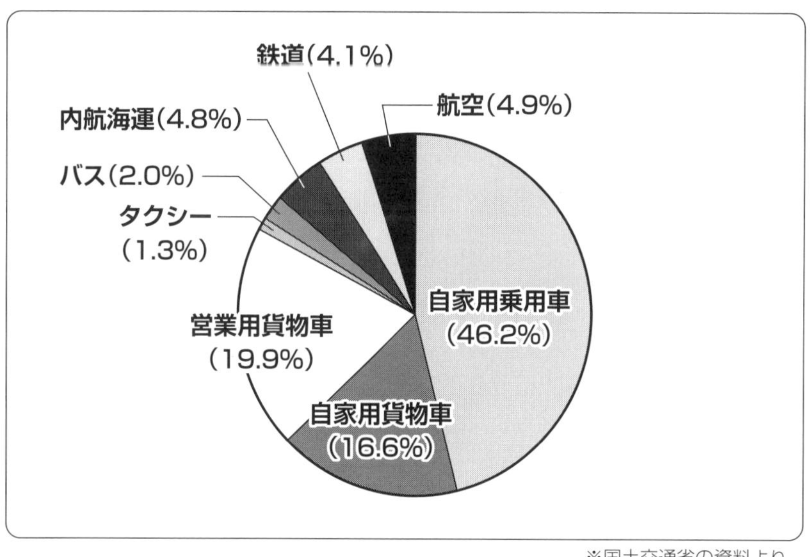

※国土交通省の資料より

◎物流のCO_2排出量削減策◎

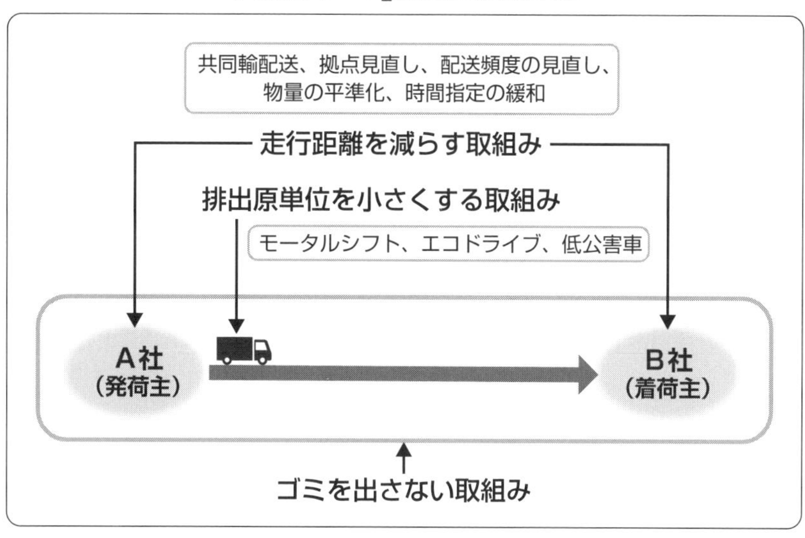

外装が破損したといった理由で、商品自体には問題がないのに廃棄されることがあります。このムダは荷主の意識により削減できます。

8-5 モーダルシフトへの取組みとは

トラックから鉄道・船舶へ

前項にあげたCO_2排出量削減策について、詳しくみていきましょう。最初に「**モーダルシフト**」です。

モーダルシフトとは、「**モーダル**（＝輸送機関）を**シフト**（＝変更）する」という意味です。

当然ながら、目的はCO_2の排出量削減なので、排出量が削減できるような輸送機関の変更でなければ意味がありません。そのため一般的には、**トラックから鉄道あるいは船舶への変更**をモーダルシフトと呼びます。

右ページ図のように、輸送量あたりのCO_2排出量は輸送機関ごとに大きく異なります。なお、「**トンキロ**」という単位は、「1トンの荷物を1km運ぶ」という意味です。

自家用貨物車はもっとも輸送量あたりのCO_2排出量が多く、1トンキロの輸送で1,177gものCO_2を排出してしまいます。営業用貨物車で運べば、同じ荷物を運んでもCO_2排出は232g。自家用の5分の1で済むのです。自家用貨物車から営業用貨物車への変更は、よく「**自営転換**」と呼ばれます。

営業用貨物車から船舶や鉄道にモーダルシフトすることができれば、さらにCO_2排出量を減らすことができます。船舶は営業用貨物車の6分の1、鉄道は11分の1のCO_2排出量です。

モーダルシフトは制約との戦い

トラックと較べると、船舶や鉄道は、運行ダイヤが決まっていたり、駅や港湾で乗せ換えを必要としたり、といった制約があります。

このため、モーダルシフトへの取組みは、リードタイムに余裕が

◎輸送量あたりのCO_2排出量（貨物）◎

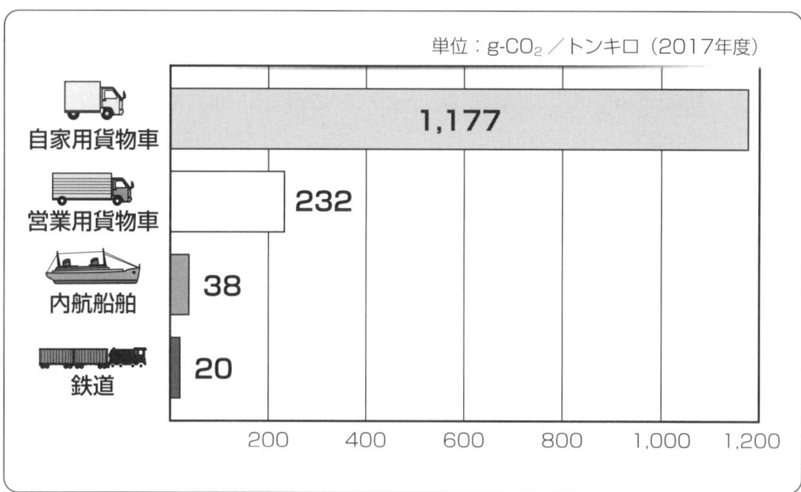

資料：国土交通省

◎CO_2排出量の主な算定方法◎

燃料法	燃料使用量からCO_2排出量を算定	CO_2排出量＝燃料使用量 × CO_2排出係数
燃費法	輸送距離と燃費からCO_2排出量を算定	CO_2排出量＝輸送距離／燃費 × CO_2排出係数
改良トンキロ法（トラック限定）	積載率と車両の燃料種類、最大積載量別の輸送トンキロからCO_2排出量を算定	CO_2排出量＝輸送トンキロ × 改良トンキロ法CO_2排出原単位

資料：経済産業省・国土交通省「物流分野のCO_2排出量に関する算定方法ガイドライン」

ある「社内物流」、「納期に余裕があるもの」が容易であると考えられています。

【CO_2排出係数】

ガソリン	2.32tCO_2/kl
軽油	2.62tCO_2/kl
電気	0.555tCO_2/千kWh

モーダルシフトは複数企業でも実施できる

 さまざまな切替えパターン

いま、どのようなモーダルシフトが行なわれているのか、事例をもとに整理してみましょう。

モーダルシフトを行なう荷主は、メーカーが多く、自社工場から自社配送拠点へといった社内物流でのモーダルシフトが多くありました。なかには、鉄道ダイヤに合わせて生産体制を変更したところもあります。

①１社単独でトラック輸送からの切替え

１社で、あるルートについてトラック輸送から鉄道または船舶に輸送を切り替えるものです。一般的に**500km以上の輸送ルートで、トラックよりも鉄道のほうがコストは安くなる**といわれていますが、昨今のトラック不足により、もっと短い距離でも鉄道コンテナ輸送が使われる場合も増えてきました。

②31ft鉄道コンテナの共同利用

31ft（フィート）コンテナは、大型トラック（10ｔ車）とほぼ同じ輸送ロットとなるため、輸送モードの変更がしやすいといわれます。

ＪＲ貨物所有の31ftコンテナならば片道利用でもよいのですが、私有コンテナの場合、片道だけの利用をすると返回送料がかかります。そこで、往路は自社貨物、復路は他社貨物として共同で31ft私有コンテナを活用する例もあります。

◎モーダルシフトのパターン（例）◎

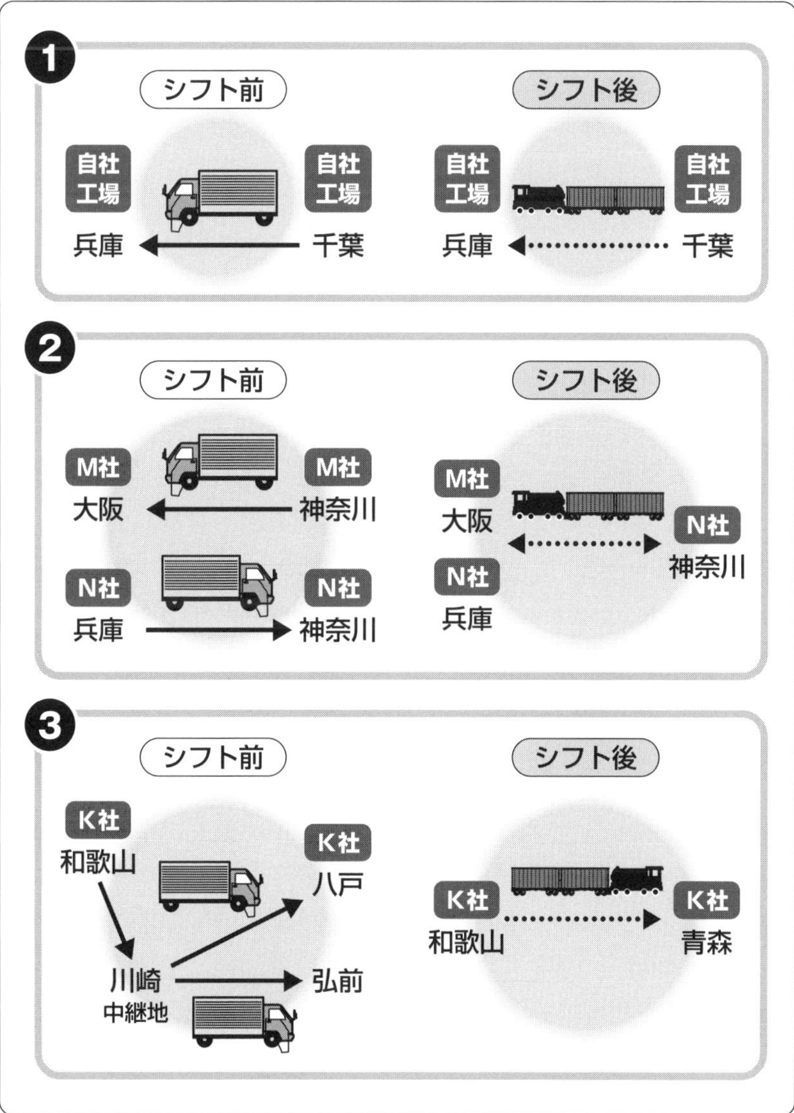

③拠点新設とともにトラック輸送から切替え

モーダルシフトを念頭に置いて拠点を新設し、輸送ロットをまとめて環境負荷低減とコストダウンを狙うものです。

8-7 エコドライブの取組みと効果

 環境によい運転を心がける

「エコドライブ」は、これまで述べてきた「排出原単位を小さくするための取組み」のなかで、もっとも**ローコストな取組み**です。極論すれば、まったく投資なしで実施することも可能です。

エコドライブとは、「環境によい運転をする」ということであり、言い換えれば「燃料消費の少ない運転をする」ことです。

運送事業者等では、エコドライブの実施で2割もの燃料消費を抑えることができたといいます。エコドライブの方法は、右ページ図のとおりです。

何もデメリットはありません。**ドライバー全員が意識すべきこと**と考えてよいでしょう。

 デジタルタコメーターで運転を見える化

効果的にエコドライブを実施するために、運送事業者では「**デジタルタコメーター**」(以下「デジタコ」といいます)が活用されています。運行中の車両の状態を細かく記録するもので、ものによってはリアルタイムにオフィスと車両で情報を共有できるものもあります。

デジタコの記録をみると、ドライバーの運転方法が詳細にわかります。運行管理者は、急加速・急ブレーキが多いとか、速度が安定していないなど、エコドライブの観点からみて、よくない点を指導していきます。

エコドライブには、うれしい副作用があります。エコドライブが定着してくると、**目に見えて事故が減る**のです。とくに、重大事故が減少するということなので、より多くの方に実践してほしい取組

◎「エコドライブ10」のすすめ◎

❶ ふんわりアクセル『eスタート』
最初の５秒で、時速20㎞程度が目安。日々の心がけで10%程度、燃費が改善します。

❷ 車間距離にゆとりをもって加速度の少ない運転
車間距離が短くなると、ムダな加速・減速の機会が多くなり、市街地では２%程度、郊外では６%程度も燃費が悪化します。

❸ 減速時は早めにアクセルを離そう
エンジンブレーキが作動し、２%程度、燃費が改善します。

❹ エアコンの使用は適切に
暖房のみ必要なときは、エアコンスイッチをオフにすると12%程度、燃費が改善します。

❺ ムダなアイドリングはやめよう
乗用車なら10分間のアイドリングで130cc程度の燃料を消費します。

❻ 渋滞を避け、余裕をもって出発しよう
出発後も道路交通情報をチェックして渋滞を避ければ燃費と時間の節約になります。

❼ タイヤの空気圧から始める点検・整備
タイヤの空気圧が適正値より不足すると、市街地で２%程度、郊外で４%程度、燃費が悪化します。

❽ 不要な荷物はおろそう
車の燃費は、荷物の重さに大きく影響されます。たとえば、100㎏の荷物を載せて走ると、３%程度も燃費が悪化します。

❾ 走行の妨げとなる駐車はやめよう
迷惑駐車は、他の車の燃費を悪化させるばかりか、交通事故の原因にもなります。

❿ 自分の燃費を把握しよう
日々の燃費を把握すると、自分のエコドライブ効果が実感できます。燃費管理アプリを利用するのも効果的でしょう。

（※環境省資料より筆者作成）

みです。もっとも簡単な方法は、タコメーターを見て**エンジンの回転数を2,000以上に上げない**ということです。

8-8 商慣行を変えて走行距離を減らす

 時間指定の緩和

総走行距離を減らせば、燃料の使用もCO_2の排出量も抑えられます。実は、取引上の慣行や習慣により、日本のトラックは大きなムダを含んだ走り方をしています。

たとえば、納品の時間指定です。複数ある届け先の物流センターがみな納品時刻を9時と指定してきたならば、物量が1台分に満たなくても、届け先ごとに車両を1台ずつ手配しなければなりません。午前配送の希望が多いので、午前中は積載率の低い車両が大量に走り、午後は車両の仕事がないということになりかねません。

そこで、マクドナルドでは店舗への配送を午後の時間帯にも行なうこととし、1日のなかでの業務量の平準化を図りました。これにより必要な車両が減り、トータルの走行距離も減らせました。

 配送頻度の見直し

マクドナルドでは、曜日別の波動についても着目し、ここでも平準化を図りました。また、ドライバーの就業環境改善のため、配送に休日を設けました。

店舗への1回の配送量が増えることになりますが、店舗運営に支障が出ないよう、データ分析を行ない、支障のない計画が店舗に示され、了解を取ったうえで新体制に切り替えています。各店舗の在庫状況がどう変化するかまでシミュレーションを行なったそうです。

荷役作業の負荷を減らすため、かご車による荷役に100%切り替えました。これらの努力により、ドライバーの休日を確保し、運転時間を年間約25,000時間削減し、CO_2排出量も年間126トン削減することができました。このような取組みは他でも参考になります。

◎1日の納品時間帯の平準化◎

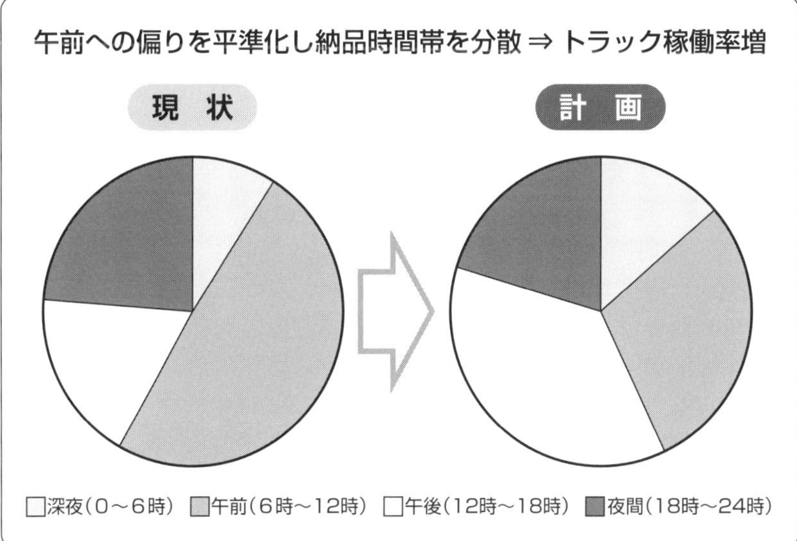

◎1週間の物量・配送回数の平準化◎

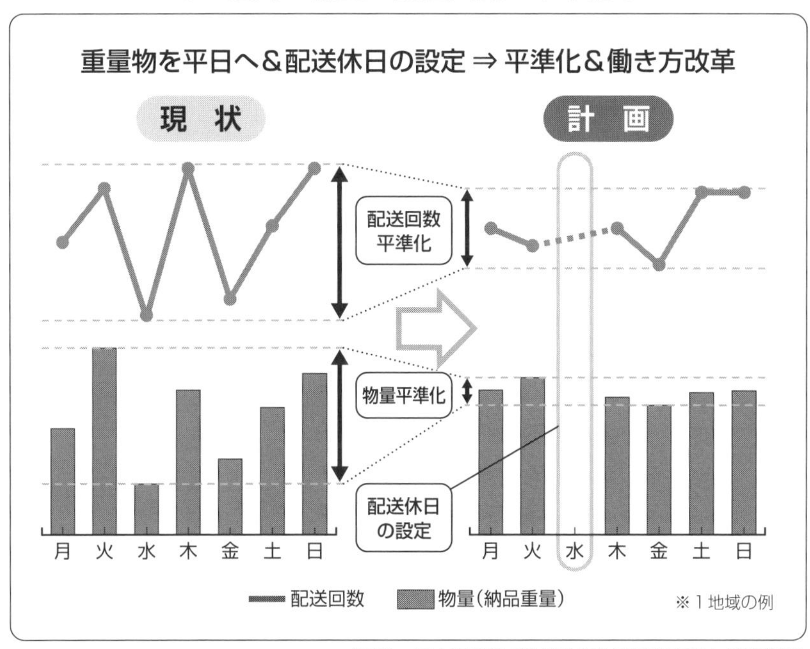

（資料：国土交通省「物流効率化法認定事業」発表資料）

8-9 食品ロスを減らしゴミを減らす

 食品ロスを減らすための法律の施行

「食品ロスの削減の推進に関する法律」(略称:「食品ロス削減推進法」) が、2019年10月1日に施行されました。

食品ロスは必ずしも物流の現場からのみ出るわけではありませんが、少なからず影響がありますので、ここで取り上げておきます。

この法律は、世界には栄養不足の状態にある人々が多数存在するなかで、食料の多くを輸入に依存しているわが国が、「食べられる食材」を大量に捨てている現状は大いに問題であるとの考えから成立しました。

 見直すべき「3分の1ルール」

物流の現場から食品が廃棄される原因として大きいのが、「3分の1ルール」という商慣習です。賞味期限の3分の1以内の期間内でないと小売店舗に納品できないというもので、この期間内に納品できなければ廃棄される可能性が高くなるわけです。

たとえば、賞味期限が6か月のものであれば、製造日以降2か月を過ぎて小売店舗に納品されていなければ廃棄になります。モノによっては格安でディスカウントストアなどに引き取られることもあるようですが、メーカーや卸にとって、期待される利益はまったく創出できないのは同じです。

賞味期限が4か月も残っている食品を廃棄する必要があるでしょうか?　このルールの緩和は待ったなしで進めるべきと考えます。現在、「2分の1ルール」への変更が国によっても推奨され、進みつつありますが (右図)、賞味期限内であれば店頭に並んでいてよいと考え、さらなる緩和の可能性を追求してもよいと思われます。

◎小売事業者における納品期限緩和の取組み状況◎

	緩和を推奨する品目			緩和を前提として検討すべき品目	
社　名	清涼飲料	菓子	カップ麺	袋麺	レトルト食品
イオンリテール	◎	◎	△	△	△
イオンリテールストア	◎	◎	／	／	／
イトーヨーカ堂	◎	◎	◎	◎	◎
ダイエー	◎	◎	△	△	△
ユニー	◎		／	／	／
アコレ	◎	◎	△	△	△
イオンビッグ	◎	◎	△	△	△
イオンマーケット	◎	◎	◎	◎	△
遠鉄ストア	◎	◎	◎	◎	◎
オータニ	△	△	△	△	△
小田急商事	△	△	△	△	△
カスミ	◎	◎	／	／	／
サミット	△	△	△	△	△
スズキヤ	△	△	△	△	△
東急ストア	◎		／	／	／
マックスバリュ長野	△	◎	△	△	△
マルヤ	△	△	△	△	△
ヤオコー	◎		◎	◎	◎
ヨークベニマル	◎	◎	◎	◎	◎
ヨークマート	◎	◎	◎	◎	◎
セブン-イレブン・ジャパン	◎	◎	◎	◎	◎
ローソン	◎	◎	◎	◎	△

（※）菓子は賞味期間180日以上のもの　　（資料：農林水産省関東農政局（2019年10月25日時点））

【表の見方】

◎……納品期限の「1/3ルール」を適用せず、賞味期間の1/2残し、ないしはそれに近い運用を行なっている。

○……納品期限の「1/3ルール」を緩和予定で予定時期が決まっている。

△……納品期限の「1/3ルール」を緩和する予定である。

空欄…納品期限の「1/3ルール」を緩和していない。

／……無回答

8-10 過剰な品質要求をやめることで廃棄を減らす

国による品質見直しを検討する研究会

飲料配送の現場では、外装段ボールに軽微な荷擦れ、汚損があるだけで受取りを拒否されたり、責任を取らされたりすることによって、運送事業者は多大な負担を強いられてきました。

国税庁、農林水産省、経済産業省、国土交通省、中小企業庁が合同で飲料配送研究会を立ち上げ、2019年7月、右図のような基準を提示しました。

外装にある程度、毀損があったとしても返品などせずに許容しよう、販売しようというものです。返品は廃棄につながります。ごみが増えるだけでなく、食品ロス増大という点からも避けるべきです。

納品時に毎回、綿密な検品が行なわれ、納品内容に間違いはないか、製造ロットや賞味期限の確認とともに傷や凹みがないか、チェックが行なわれています。商品に毀損があれば責任をとるべき者は誰かを特定し、相応の処置をとるのは当然ではありますが、問題視されたのは、チェックのレベルが厳しすぎるのではないか、またその弁償責任の判断基準が偏っていないかということです。

毀損基準を定めて共有する

ペットボトル入り飲料の配送を想定すると、ボトルは段ボール箱に入っています。現在、その段ボール箱にスレや凹みがあると受取拒否される場合があります。輸送したトラック運送事業者の責任とされ、費用を負担させられることもあります。毀損状況に応じた弁償等について基準が明確になっていないまま、責任を取らされることもあるようです。運送事業者にとっては深刻な状況です。

ただし、ドライバー不足がもっと逼迫すれば、飲料メーカー等、

◎毀損および廃棄に関わる考え方の基準◎

❶ 包装資材（段ボール）の扱い

商品である中身が毀損していなければ、包装資材に傷や汚れがあっても、そのままの荷姿で販売することは許容されるべき。

❷ 貨物の毀損範囲の判断

包装資材の外観等から毀損範囲を推定する場合は、飲料メーカーにおいて合理性のある判断基準を作成して、あらかじめ運送事業者との間で共有し、それに従って毀損範囲を決定。

❸ 廃棄の費用負担に関する基準

毀損に伴う損害賠償の対象範囲は、実際に毀損している商品。

❹ 相談窓口の設置と問題事例への対応

飲料団体および運送団体は、相談窓口を整備。今後も定期的に問題事例を協議。

❺ その他

運送以外の役務、より質の高い運送を求める場合は、付加的な輸送対価として明確化する必要がある。

（資料：経済産業省「飲料配送研究会報告書」より筆者作成）

飲料業界の荷主が一層困ることになりかねません。トラブルの起こりがちな物流を請け負ってくれる運送事業者がいなくなるかもしれないからです。

飲料配送研究会の出した基準は、運送事業者のためのように思われるかもしれませんが、荷主のためでもあるといえます。過剰な品質維持を求めて時間や費用を余分にかけても、最終ユーザーである消費者へ提供する価値は向上していません。発荷主、着荷主、運送事業者の三者ともがムダに疲弊しているととらえ、このようなムダはどんどん省いていくべきでしょう。同様の取組みは他の業界にも広げるべきなのかもしれません。

8-11 環境問題改善に向けた国の支援はさまざま

物流を低炭素化する

環境問題改善につながる物流改善への取組みは、国のめざす方向と一致するところから、多くの支援メニューが用意されています。主に、国土交通省、経済産業省、環境省等により行なわれています。それぞれのホームページなどから確認できますので、環境問題に効果があると思われる対策を取られる際には、助成を受けられるものがないかよく確認してみるとよいでしょう。

国土交通省では、支援メニューの紹介や関係部局への橋渡しをワンストップで行なう「コンシェルジュ」（総合窓口）を本省内に開設しています（国土交通省 総合政策局環境政策課）。

低公害車の導入やモーダルシフトに関わる支援、ＡＩ、ＩｏＴを活用した物流効率化策への支援等が行なわれています。

連携による取組みの支援

複数の企業による物流改善への取組みは、より大きな効果が望めるため、物流総合効率化法（略称：物効法）では、「２以上の連携」による物流に関わる省力化や環境問題改善への取組みを支援しています。物流施設の建設費用に関わる助成などもあるので、多額の助成が得られる場合もあります。

「**グリーン物流パートナーシップ会議**」は、経済産業省、国土交通省等の支援を受けて、物流を環境面からみてよくするための取組みの研究や先進事例の広報の場として定着しています。

「**製配販連携協議会**」は、名前のとおり、メーカー、流通業者が同じ場所に集い、サプライチェーンを通して物流からムダを省く取組みを行なっています。今後の活動がますます期待されます。

◎平成30年度以降の認定事業の例（抜粋）◎

実施事業者名	事業内容	CO_2排出量削減	ドライバー運転時間省力化	手待ち時間削減
三ツ輪運輸、三ツ輪物流	サイロ増設／輸送網集約	93%	―	93%
四国福山通運、ＪＲ貨物	雑貨物輸送／四国～北海道・東北・関東向け／鉄道モーダルシフト	80%	97%	―
センコー、ダイキン工業、ＪＲ貨物	空調関連製品／31ftコンテナ帰り便	80%	91%	―
トヨタ輸送、日本通運、ＪＲ貨物、トヨタ自動車九州、トヨタ自動車	自動車部品・返却容器／愛知～福岡／鉄道モーダルシフト	83%	77%	―
全国通運、佐川急便、富士山の銘水	ミネラルウォーター／静岡～福岡／鉄道モーダルシフト／復路は空パレット回送	69%	88%	―
関光汽船、キユーソー流通システム、JPR	荷主３企業／共同輸配送／船舶モーダルシフト	65%	87%	―
ラルズ、CGCジャパン、フレスタ、ＪＲ貨物、全国通運	農産物／鉄道モーダルシフト	65%	86%	―
上海フェリー、エーアイテイー	コンテナの向け先別仕分け／大阪～東京／鉄道モーダルシフト	79%	71%	―
ダイハツ九州、青木運輸倉庫	自動車補給部品輸送／拠点設置／共同輸配送／船舶モーダルシフト	65%	83%	―
山九、三井化学	合成樹脂／千葉→広島／内航コンテナ／船舶モーダルシフト	59%	86%	―

（資料：国土交通省公共交通・物流政策審議官部門「物流総合効率化法の認定状況」より、改善度合いの高いものについて筆者作成）

執筆者プロフィール

湯浅和夫（ゆあさ　かずお）——1章、2章、3章担当

株式会社湯浅コンサルティング　代表取締役社長。1971年、早稲田大学大学院商学研究科修士課程修了、同年、日通総合研究所に入社。経営コンサルティング部長、常務取締役を経て2004年3月に退職し、同年4月、株式会社湯浅コンサルティングを設立。一貫して企業の物流コンサルテーションに携わり、2000年、日本ロジスティクスシステム協会より、物流ＡＢＣの理論構築で「物流功労章（理論学究面）」を受賞。

著書に、『物流危機の正体とその未来』（生産性出版）、『プロ直伝！ 結果が出る物流とロジスティクス』（ナツメ社）、『新しい「物流」の教科書』（ＰＨＰ研究所）、『物流とロジスティクスの基本』（日本実業出版社）など多数。

内田明美子（うちだ　はるこ）——4章、5章、6章、コラム担当

株式会社湯浅コンサルティング　コンサルタント。慶応義塾大学経済学部卒業、日本債券信用銀行（現あおぞら銀行）、日通総合研究所を経て、2004年4月より現職。物流ＡＢＣ算定支援、在庫管理に係る調査研究とコンサルティング、物流業務改善コンサルティング、物流コスト分析の教育研修等に従事。

『在庫管理の基本と仕組みがよ～くわかる本』（秀和システム）ほか著書多数。

芝田稔子（しばた　としこ）——7章、8章、コラム担当

株式会社湯浅コンサルティング　コンサルタント。早稲田大学人間科学部卒業、同年、日通総合研究所に入社。2004年3月退職、4月より現職。物流ＡＢＣ導入、在庫削減などのコンサルティング、教育研修、国土交通省などの調査業務に従事。

主な著書に『ムダをなくして利益を生み出す在庫管理』（かんき出版）、『図解でわかる物流とロジスティクス』（アニモ出版）など著書多数。

【株式会社湯浅コンサルティング】

物流専門のコンサルティング会社。企業の物流の本来あるべき姿を提示して、現状とのギャップを埋めていくというアプローチをとる。物流ABC（Activity-Based Costing）、在庫管理をはじめとする数値分析の経験が豊富。コンサルテーションのほか、勉強会や人材育成の相談にも応じる。お気軽にご相談ください。

設　立　2004年4月
所在地　東京都台東区上野5-3-10
電　話　03-5812-2099
ホームページ　http://www.yuasa-c.co.jp/
eメール　hpmail@yuasa-c.co.jp

図解でわかる物流とロジスティクス
いちばん最初に読む本

2020年1月15日　初版発行

著　者　湯浅和夫・内田明美子・芝田稔子
発行者　吉溪慎太郎

発行所　株式会社**アニモ出版**
〒162-0832 東京都新宿区岩戸町12 レベッカビル
TEL 03(5206)8505　FAX 03(6265)0130
http://www.animo-pub.co.jp/

 ISBN978-4-89795-233-8
印刷：文昇堂／製本：誠製本　Printed in Japan